グローバル企業の
リスクマネジメント

財務情報の利害調整及び情報提供機能の強化に関する考察

高野仁一【著】

Risk Management of Global Corporations
Jinichi Takano

専修大学出版局

〈目　次〉

序　章 …………………………………………………………… 1
　第1節　本書の研究目的・視点・問題意識　　　　　　　　1
　第2節　本書の全体像の概観と構成　　　　　　　　　　　4

第1章　グローバル企業のリスク環境と持続的成長への模索 …… 9
　第1節　企業の事業活動のグローバル化　　　　　　　　　9
　第2節　グローバル企業への各発展段階におけるリスク環境と
　　　　　発生要因　　　　　　　　　　　　　　　　　　 12
　第3節　持続的成長の源泉となる企業価値創造の必要性　　16
　第4節　ステークホルダーからの企業の社会的責任の要請　17
　第5節　コーポレート・シチズンシップ　　　　　　　　　18

第2章　財務情報における制度・規制によるリスクマネジメント 23
　第1節　財務情報に関するリスクマネジメントの歴史的流れ　23
　第2節　財務情報のグローバル化に伴う開示と監査の国際的統一
　　　　　の流れ　　　　　　　　　　　　　　　　　　　 25
　第3節　ディスクロージャーをめぐる不適正な開示事例の発生　29
　第4節　制度・規制による解決策　　　　　　　　　　　　32

第3章 財務情報に関するリスクマネジメントのパラドックス … 37
- 第1節 オンバランス化と公正価値測定によるパラドックス　37
- 第2節 インセンティブ報酬システムのパラドックスに対する解　39
- 第3節 経営監視モニタリング・システムのパラドックスに対する解　43
- 第4節 公正価値測定によるパラドックスと会計観　47

第4章 グローバル企業のガバナンスとリスクマネジメント …… 53
- 第1節 ガバナンス問題とリスクマネジメントの重要性　53
- 第2節 ガバナンス問題の事例研究の概要　55
- 第3節 経営者の適性条件　55
- 第4節 企業統治システムの構築　61
- 第5節 企業の多文化統治　66
- 第6節 ガバナンス問題のリスクマネジメントのフレームワーク　72

第5章 財務情報と内部統制の概念フレームワーク ……………… 75
- 第1節 財務報告目的とリスクの目的・範囲の変遷　76
- 第2節 報告対象としての内部統制の概念フレームワーク　78
- 第3節 COSO（1992）報告書の内部統制の概念フレームワーク　80
- 第4節 COSO（2006）内部統制の誘導ガイダンス　83
- 第5節 IT内部統制の概念フレームワーク　86
- 第6節 COSO ERM（2004）の概念フレームワーク　90
- 第7節 日本の内部統制報告制度　92

第6章　内部統制における決算・財務報告プロセスの評価モデル　97
　　第1節　固有の業務プロセスとして評価を行う決算・財務報告
　　　　　　プロセス　　　　　　　　　　　　　　　　　　　　97
　　第2節　内部統制における金銭債権の評価モデルの概要　　　　99
　　第3節　適切な貸倒実績率を用いた貸倒引当金の計算プロセス　107
　　第4節　滞留債権の評価プロセス　　　　　　　　　　　　　　120
　　第5節　貸倒引当金の会計処理プロセス　　　　　　　　　　　133

終　章　総括 …………………………………………………………… 149
　　第1節　総括　　　　　　　　　　　　　　　　　　　　　　　149

参考文献

あとがき

序　章

第1節　本書の研究目的・視点・問題意識

　現代企業の多くは国内市場のみならず、グローバル化の中でいかにして企業の持続可能性を高めるかという視点での企業行動が重要となっている。本書の目的はグローバル企業のリスクマネジメントを2つの視点から論じることである。第1の視点は、企業が国内企業から多国籍展開、グローバル企業へと進化していく中でのリスクマネジメント問題を、特にガバナンス・リスクの視点から論じることである。第2の視点は、グローバル企業がステークホルダーとの利害調整および情報提供の責任を果すために、財務情報の質的改善をいかに図り、いかに構築・運用していくべきかという視点からである。

　グローバル企業には多様なチャンスとリスクがあり、それらを効果的なガバナンスの下で、制度規範であるハードローのみならず、経営者の倫理観を含む企業独自のソフトローとしての社会規範の重要性を主張しつつ、特に財務情報の質的改善に貢献するモニタリング・システムをいかに構築していくべきかが本書の問題意識である[1]。言い換えれば、本書において、グローバル企業のガバナンス視点からのリスクマネジメント問題と財務報告による情報提供機能の強化の2つを満たすための概念と手法の融合を試

みた。

　周知のように、会計には、利害調整と情報提供という2つの大きな機能がある（安藤，2001, p.244）。利害調整は、会社法上の債権者保護（破産防止、資本維持、利益調整、顛末報告）の観点、また、情報提供は、金融商品取引法の出資者保護（状況開示）の観点に代表される。そこでは、財務報告制度の根底にある会計機能や会計観の歴史的発展を踏まえて、有用な財務情報の提供を阻害するリスクの分析、評価と対応が重要である。利害調整の面では、企業が大規模化、国際化、グローバル化へと展開する中で、特に、グローバル企業を取り巻くリスク環境をみると、企業の持続的成長の源泉となる企業価値の創出の成否及び時期を不確かにする内外の環境要因及びリスクに直面している（上田，2007, p.21）。情報提供の面では、ステークホルダーが企業に資源を提供するかどうかの意思決定を行う上で、（報告企業の企業価値の創出の状況を示す）有用な財務情報の提供を阻害するリスクの可能性が財務報告制度や企業の内部に潜在する。

　前者の課題には、グローバル・リスク環境に対応して熾烈な競争を勝ち抜き企業価値を創出するために、グローバル戦略による長期展望に立ち、グループ企業全体の組織構造を変革する方向づけが急務となる（伊藤，2004, p.253）。同時に、過去、現在、未来の財務情報の戦略的活用が必要になる。後者の課題には、財務報告制度の設計上に内在するリスクの分析・評価を行い、（経営陣による財務報告の虚偽表示リスクを予防・発見する）ガバナンスとモニタリングの仕組みを企業組織内に構築し運用することが必要となる。

　近年、会計リスクの顕在化が多発し、制度・規制による会計リスクの低減方策は、透明性の要求を強め、証券市場の会計情報の開示制度の強化と信頼性を担保するための保証業務としての会計監査の強化がおこなわれた。さらに、企業のグローバル化に伴う制度・規制として、国際会計基準や国

際監査基準の統一化による標準化が進められてきた。しかし、標準化による問題として、バブル期や経済危機時に正しい物指しとして実態を反映しなくなる機能不全が発生した。

　そこで、本書では、まず、グローバル企業のリスク環境と持続的成長への模索を概観する。つぎに、財務情報の制度・規制によるリスクマネジメントを考察した後、制度・規制の限界としてのパラドックスの事例を取り上げる。その上で、関連当局による制度・規制に加えて、企業側におけるガバナンスやリスクマネジメントの対応を考察する。さらに、具体的な企業内の財務情報の質的改善について、財務情報の信頼性を高めるためのモニタリング・システムとしての内部統制報告制度を取り上げ、日本の内部統制報告制度の妥当性を考察する。最後に、企業の内部統制プロセスの中で、会計の見積もりや判断にも関係して非常に重要な内部統制に関する決算・財務報告プロセスの評価モデルの構築を試みる。

　グローバル企業のような個別の組織においては、透明化、標準化及び証明業務の制度対応は、法的必須条件として行わなければならない。さらに、企業の持続的成長への道への十分条件として、リスクの高い戦略による損失に関するリスクの低減を図る企業内の仕組みと共に、倫理規範を含む企業のリスク文化の創造・促進が求められている。

　上記の研究目的をおこなうために、研究のアプローチは、先行研究として、主に、リスクマネジメントの分野については、上田和勇博士、財務会計の分野については、安藤英義博士、管理会計の分野については、伊藤和憲博士の論文や著書を参考にして研究を進め、その他、関連する論点に応じて、内外の研究者の論文や著書を参照した。

第2節　本書の全体像の概観と構成

本書の全体構成を以下に要約する。

主題：グローバル企業のリスクマネジメント 　　　－財務情報の利害調整及び情報提供機能の強化に関する考察

序　章　本書の研究目的・視点・問題意識と全体像の概観と構成 　（本書の研究目的）グローバル企業のリスクマネジメント問題を、ガバナンス・リスクの視点と企業の財務情報の利害調整及び情報提供機能の強化策の視点から考察することである。 　（問題意識）グローバル企業には多様なチャンスとリスクがあり、それらを効果的なガバナンスの下で、制度規範であるハードローのみならず、経営者の倫理観を含む企業独自のソフトローとしての社会規範の重要性を主張しつつ、特に財務情報の質的改善に貢献するモニタリング・システムをいかに構築していくべきかが本書の問題意識である。

第1章　グローバル企業のリスク環境と持続的成長への模索 　最近の企業の事業活動のグローバル化の動向を概観し、グローバル企業のリスク環境を認識するために、グローバル企業への各発展段階におけるリスク環境と発生要因を分析する。さらに、これらのリスク環境の中で、グローバル企業の持続的成長への方向性として、持続的成長の源泉となる企業価値創造の必要性、ステークホルダーからの企業の社会的責任、およびコーポレート・シチズンシップを論じる。ス

テークホルダーからの企業の社会的責任が増加する中で、財務情報の利害調整及び情報提供機能を強化し、過去・現在・未来の財務情報を事業戦略や具体的戦術に活用することが重要となっている。

第2章　財務情報における制度・規制によるリスクマネジメント

　　財務情報の制度・規制におけるリスクマネジメントの歴史的流れを概観する。その上で、財務情報のグローバル化に伴う開示と監査の国際的統一の歴史的流れを考察する。近年のディスクロージャーをめぐり不適正な開示事例の発生、それに対する制度・規制による解決策を論じる。

第3章　財務情報に関するリスクマネジメントのパラドックス

　　妥当に見えるモラル・ハザード現象の予防策が、オンバランス化や公正価値測定を引き金にパラドックスを引き起こしたケースを分析する。その上で、予防策であるインセンティブ報酬システムや経営監視モニタリング・システムのパラドックスに対する解を考察する。最後に、パラドックスを引き起こした公正価値測定を会計観の歴史的展開との因果関係を論じる。

第4章　グローバル企業のガバナンスとリスクマネジメント

　　グローバル企業は、制度・規制に対する法的対応は重要である。同時に、自らの経営体としての仕組み作りの面からも、特に、証明業務（監査）によって担保された財務情報の開示のためにも、企業グループ内でのガバナンス問題へのリスクマネジメントが重要な課題となっ

ている。そこで、本章では、グローバル企業のガバナンスに対するリスクマネジメントのフレームワークについて、事例を取り上げて考察する。

第5章　財務情報と内部統制の概念フレームワーク

　グローバル企業の財務情報に係る内部統制のモニタリング・システムの理論的及び実践的基盤として、日本の内部統制報告制度の妥当性について考察する。内部統制の概念フレームワークの理論的発展の流れ、具体的には、COSO(1992)、COBIT(1996)、COSO ERM (2004)、COSO誘導ガイダンス（2006）を概観し、日本の内部統制報告制度と比較・考察する。

第6章　内部統制における決算・財務報告プロセスの評価モデル

　会計上の見積りや判断にも関係し、財務情報の信頼性に関して非常に重要な業務プロセスである金銭債権の評価のための貸倒引当金計上に係る内部統制における決算・財務報告プロセスの評価モデルの構築を試みる。

終　章　総括

　財務情報の制度・規制（ハードロー）によるリスクマネジメントは限界があり、パラドックスが生じる可能性が常にある。グローバル企業にとって、リスク環境を把握しながら、関連当局による制度・規制に対応すると同時に、企業側におけるソフトローの面からのガバナンスやリスクマネジメントの対応が必要である。具体的な企業内の財務

情報の質的改善について、財務情報の信頼性を高めるためのモニタリング・システムとしての内部統制システムの構築・運用は必要である。企業の内部統制プロセスの中で、特に、経営者の自由裁量の余地が多くある会計の見積もりや判断にも関係するものとして、内部統制に関する決算・財務報告プロセスの構築は極めて重要である。

注記
1) 本書では、裁判所でその履行が強制されるような諸規範をハードローと定義し、裁判所でエンフォースされない規範をソフトローと定義する（神田, 2008, p.153）。

第1章　グローバル企業のリスク環境と持続的成長への模索

　本章では、最近の企業の事業活動のグローバル化の動向を概観する[1]。つぎに、グローバル企業のリスク環境を認識するために、グローバル企業への各発展段階におけるリスク環境と発生要因を分析する。さらに、これらのリスク環境の中で、グローバル企業の持続的成長への方向性として、持続的成長の源泉となる企業価値創造の必要性、ステークホルダーからの企業の社会的責任、およびコーポレート・シチズンシップを論じる。

第1節　企業の事業活動のグローバル化

　2008年の後半から金融危機が始まり、世界的な景気後退が急激に進む中で、デフレや少子高齢化問題などで、日本国内市場の需要は減少し成長が期待できない状況にある。そのような状況の中で、日本の内需型大手企業を中心に生き残りを掛けて海外事業比率を引き上げ、成長戦略の軸足を新興国に移し、円高を追い風として海外企業の買収をテコにグローバル成長を加速する企業が相次いでいる[2]。

　その戦略は、企業の大規模化、国際化、多国籍化、グローバル化により持続的成長の源泉である企業価値[3]を創造しようとするものである。具体的な戦術は、国内市場を中心とした事業展開から企業活動の舞台を海外市場に移し、海外調達比率、海外生産比率、海外売上比率、海外資産比率、

海外従業員比率等を高めていくことによりグローバル企業に進化して企業価値を創造することである[4]。

グローバル企業の動向については、国連が「ワールド・インベストメント・リポート（*World Investment Report*）」(United Nations, 2010) で、多国籍企業 (Transnational Corporation) の活動を報告している。国連は多国籍企業の定義を「本国以外の国で生産・サービスの拠点を所有あるいは管理運営する企業」(United Nations, 1973, p.23)、そして「本国の親会社と2つ以上の海外子会社で構成される企業」(United Nations, 2002, p.275) としている。

この国連の報告書によると、2008年における多国籍企業数は世界で82,000社あり、810,000社の海外子会社を持ち、世界経済の成長を押し上げる主要な役割を演じている。2008年の多国籍企業の海外子会社の輸出額は世界の財・サービスの輸出額の約3分の1を占め、多国籍企業の世界の従業員数は7千7百万人と1982年の1千9百万人の約4倍となっている (United Nations, 2010, p.17)。

国連の報告書では、企業の海外依存度を多国籍企業の海外売上比率、海外資産比率、海外従業員比率の3つの比率の平均として計算される「多国籍企業インデックス (Transnational Corporation Index)」に基づき分析している。

2008年の報告書の海外資産比率の上位100社リストから、多国籍企業インデックス (TNI) の上位の海外企業6社と日本企業の3社を抽出し、さらに本稿において事例として取り上げた日本板硝子とスズキを含めて、図表1-1に要約した。エクストラータ (Xstrata PLC, 英国) が93.2%で世界で一番高い多国籍企業インデックス(TNI)を示し、海外売上比率90.2%、海外資産比率94.4%、海外従業員比率94.8%と、3つの全ての海外比率が90%を超えた。上位の海外企業6社は、イギリス、ルクセンブルク、オラ

図表1-1　(非金融)多国籍企業インデックス(TNI)2008年

TNI ランク	会社名	産業	売上高 (百万米国ドル)	多国籍企業インデックス(TNI)	国籍	国人口 (千人)	1人当たりGDP 順位	1人当たりGDP 米国ドル
注1	注2					注3	注4	
1	エクストラータ	資源採掘	27,952	93.2%	イギリス	62,032	22	35,334
2	アルセロール・ミタル	鉄鋼製品	124,936	91.4%	ルクセンブルク	486	1	104,551
3	アクゾノーベル	化学製品	21,454	90.3%	オランダ	16,592	7	48,222
4	WPPグループ	広告代理店	10,899	88.9%	イギリス	62,032	22	35,334
5	ボーダフォン	携帯電話通信	59,792	88.6%	イギリス	62,032	22	35,334
6	ノキア	携帯電話通信	70,578	88.5%	フィンランド	5,325	12	44,991
12	本田技研工業	自動車	110,317	81.4%				
−	日本板硝子	板ガラス	7,400	78.0%				
−	ソニー	電気・電子製品	85,179	62.9%	日本	127,156	17	39,731
−	スズキ	自動車	30,048	59.6%				
−	トヨタ	自動車	226,221	53.1%				

注1：TNI(Transnational Index：多国籍企業インデックス)は、海外売上比率、海外資産比率、海外従業員比率の3つの比率の平均として計算される。
注2：これらの情報は、United Nations, World Investment Report 2009, pp. 228-230から抽出した。
注3：国際連合経済社会局人口部の作成した『世界の人口推計2008年版』のデータによる2009年の推計人口による。
注4：IMF-World Economic Outlook (2010年4月版)

ンダ、フィンランドと相対的に国内市場が小さい国となっている点に注目される。また、これらの国の内、イギリスを除いて、国民1人あたりのGDPは、日本に比して高く、社会福祉制度が整備されている国であることに驚かされる。

　国土と資源の少ない日本も、多くの多国籍企業を持つので、国民1人あたりのGDPを高める事ができるように、グローバル企業の海外で創造した企業価値を本国に還元するメカニズムの見直しが必要に思える。

2009年4月の日本の税制改正で海外子会社からの受取配当金が95％非課税となり、2009年度の海外子会社からの受取配当金が初めて3兆円を超えた[5]。税制改正前は、海外子会社に留めていた利益を日本の親会社に送金すると日本で益金として課税された。そのため40％以上の税金を嫌い、日本に還流されなかった。海外子会社からの受取配当金の95％非課税措置によって、これまで、海外利益が過度に海外に留保され、日本の親会社の研究開発費や雇用が海外に流出していたリスクを低減して、結果として日本からの海外直接投資の回収メカニズムを改善した。これは、政府が取ったリスク対応の良い例である。今後、日本国内の法人税の税率や外国投資優遇措置等の内需喚起政策が期待される。

　図表8に見るように、日本企業の多国籍企業インデックス（TNI）は、本田技研工業が81.4％、ソニー62.9％、トヨタ53.1％と50％を上回っている。今後の事業戦略として、グローバル化促進計画をあげている日本の大手企業が増えている。たとえば、海外売上比率目標として、三菱重工業は現在の49％から2014年には63％へ、東芝は現在の55％から2012年には63％へと掲げている[6]。海外売上比率目標を達成するには、当然、海外での事業運営するための現地での従業員や幹部の大量採用が必要になる。三菱重工業は海外のグループ会社の人員を37％増の1万5千人体制、アジアを中心に技術者を年800人のペースでの採用を計画している。今後、企業は、海外直接投資の回収メカニズムに関する資金リスクに加えて、海外の多文化組織の統合管理リスクに直面することが多くなるだろう。

第2節　グローバル企業への各発展段階におけるリスク環境と発生要因

　あらゆる業態及び規模の組織は、自らの目的達成の成否及び時期を不確かにする内部及び外部の要素並びに影響力に直面している（上田，2007,

p.21)。この不確かさが組織の目的に与える影響がリスクである(ISO, 2009, p.v)。組織は、リスクを特定し、分析し、評価し、対応して管理する必要がある。

　グローバル企業への各成長段階におけるリスクとチャンスは、それぞれ異なる。ドウプニィクの多国籍企業の発展段階 (Doupnik and Perera, 2008, pp.1-16)とグローバル経済についての分析(伊藤, 2004, pp.3-19) などを参考にして、リスクマネジメントの観点から、図表1-2のようにグローバル企業への各発展段階におけるリスク環境とリスク要因を概観してみた。

創業～第1段階：国内市場から輸出・輸入取引を中心とした海外市場展開
　国内市場の飽和や衰退等による代替販売市場の開拓のための輸出や製品の原材料などの資源の調達やコスト低減のための輸入により、海外市場との取引が開始される。製造拠点は国内のままで、調達と顧客は国内市場に加えて海外市場への展開になると、与信の不確実性、外国通貨取引、関税障壁の要因から生ずる倒産リスク・為替価格変動リスク・税務リスクに直面する。たとえば、国内拠点からの海外顧客への製品の輸出販売の場合、輸出販売からの売上増加のチャンスを得る事ができるが、まだ海外市場での企業の与信力が弱いため、決済通貨は自国通貨でなく外国通貨となる場合が多く、国内取引では経験しなかった外国為替リスクに直面する。取引量が増加すれば、外国通貨オプション等のデリバティブ型の財務証券の購入を通して、外国為替リスクからの影響の最小化を図る必要が発生する。
第2段階：対外直接投資による現地での調達・生産・販売・資金調達
　企業の大規模化による製品やサービスのコストの効率化、現地証券市場からの資金調達などのチャンスを得るために、製造工場のような外国資産の取得を含めて現地調達・現地生産・現地販売を行う対外直接投資の段階

図表1-2　企業の大規模化、国際化、多国籍化、グローバル化に伴う
　　　　リスクとチャンス

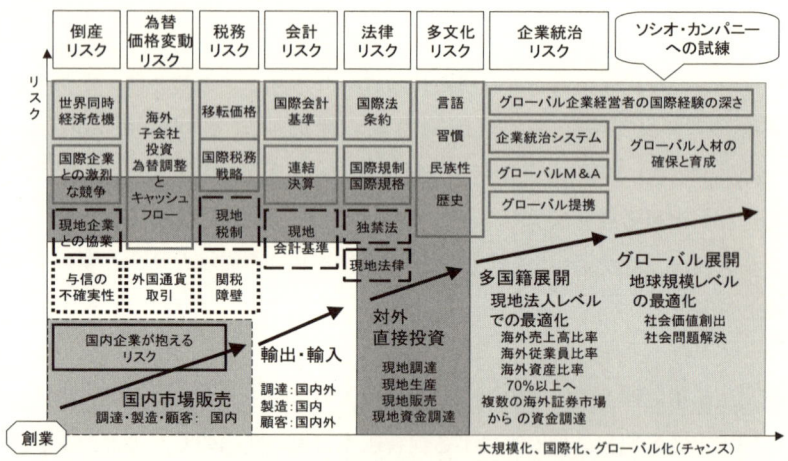

出所：Doupnik, T. and H. Perera (2008), pp.1-16, 伊藤 (2004), pp.3-19 などを参考にして、筆者がリスクマネジメントの観点から図表化した。

へと展開していく。そこでは、現地企業との協業・競争、現地子会社への設備投資・運営管理、現地税制、現地法律、現地会計基準、現地言語・習慣・民族性・歴史等のリスク要因から、上記の輸出・輸入取引を中心とした海外市場展開からのリスクに加えて、会計リスク・法律リスク・異文化リスクが発生する。

　現地に投資をする際に新たに法人を設立して、設備や従業員の確保、事業チャネルの構築や顧客の確保を一から投資を行うグリーンフィールド投資方式は、事業が軌道に乗るのに時間が掛り、激しい競争について行けないリスクの可能性がある。最近では、現地企業をM&A手法により買収し、短期間の内に事業展開を図ろうとする傾向がある。しかし、買収後、満足する事業結果を得られない買収リスクが発生する場合には、買収時の投資資金の債務返済やのれん償却が当該企業全体の買収後の事業利益に大きな

負担を与える。

第3段階：多国籍展開による現地法人レベルでの最適化

　一国への対外直接投資から更なる発展段階として、世界各国でビジネスを展開し、多国籍企業の現地法人化を進め、それぞれの国で現地化を徹底させ、現地法人に企業としての全ての機能を持たせるようになる。そこでは、世界の各地域で、国際企業との激烈な競争、税務戦略や移転価格問題、経済危機、国際会計基準、国際法・条約、多様な言語・習慣・民族性の影響要因から多様なリスクが発生する。

　この段階では、国境を越えて別の国にある本社から各種機能を提供するよりも、多国籍の各現地企業で各種機能を持ち、コストの低減と顧客に対する対応レベルを向上させ、現地法人レベルで最適化を図り競争優位に立つことができる。また、多国籍化により複数の海外証券市場から資金調達ができるようになるチャンスを得る事ができる。

第4段階：グローバル展開による地球的規模レベルの最適化

　現地法人レベルの最適化を実現した多国籍企業は、企業に必要な全ての機能を地球的規模での最適化を図るためにグローバル企業に進化していく。つまり、現地法人が営業、人事、財務、人事、製造、研究開発、マーケティング等の全ての機能を持つよりも、それぞれの機能を切り出して、価格と品質の観点から最適な地域からの提供により企業全体の観点で競争力の向上を図っていく戦略が実行される。ここでは、国のポートフォリオの選択の問題が重要になる。すなわち、販売市場・調達市場・生産基地・開発基地として、どの国を選び、国々を組み合わせたポートフォリオをどのように選択するかの戦略リスクの問題が存在する。

　また、この段階では、会社の機関としての問題、すなわち、所有(株主)と経営の分離、経営における監督機能と執行機能の分離、そして、親会社と多数の海外子会社からなる複雑な巨大企業の運営等の要因からコーポレ

ート・ガバナンスリスクが発生する。国際経験の豊かなグローバル企業経営者が求められ、企業の統治システムの構築、経営資源の整理・統合・配分のためにグローバルな業務提携・M&A、グローバル人材の確保と育成が必要となる。

さらに、グローバル企業には、社会価値創出や社会問題解決のコーポレート・シチズンシップの実現が求められてくる。具体的には、「自社の存続や繁栄が第一義の企業理念」からステークホルダーからの企業の社会的責任の要請を受け、社会と共生を図り、社会の発展に寄与する「本業を通じて社会貢献する企業理念」が求められてくる。つまり、コーポレート・シチズンシップを実現しながら、将来の存続を考え、社会と共存する企業、ソシオ・カンパニー（Socio-Company）への道が要請されてくる（亀井，2009, p.37）。

第3節 持続的成長の源泉となる企業価値創造の必要性

ティモンズの企業成長モデルによると、企業は、スタートアップ期、成長期、安定期、成熟期、衰退期の各段階をリスクを取りながら前に進んでいかなければならない。長期的には成長しない企業は必ず消滅する（Timmons & Sponelli, 2003, p.561）。企業を取り巻く環境は日々刻々変化し、企業に生じるリスクも時間や環境とともに変化する。生き残りをかけてグローバル企業への道を歩むには、大規模化、国際化、多国籍化、グローバル化を推進しながらリスク負担行動を取り競争を勝ち抜いていく必要がある。将来の成功の確約のない不確実性に満ちた過酷な競争の中で、持続的成長の源泉となる企業価値を実現し獲得するためである。

企業価値の定義については、①企業価値を実質的に株主価値とイコールの関係ととらえる見解、②企業価値をもって経済価値とイコールの関係で

とらえる見解（さらにこの見解は次の3つにわかれる：a. 株価を重視する見解、b. 一株あたり利益を協調する見解、c. 将来のキャッシュ・フローの現在価値であるとする見解）、③経済価値だけではなく社会価値及び組織価値を含むものととらえる見解がある（櫻井，2007, pp.3-4）。

　企業価値は個々の企業にとって、実際、大規模化、国際化、多国籍化、グローバル化の各発展段階での企業のおかれる経営環境や経営方針により異なる。グローバル企業が地球規模レベルで企業価値の最適化を実現しようとする段階では、企業が持続的成長の源泉となる企業価値を実現し獲得してゆく中で、社会の共同体の一員として、企業の社会的責任を求められる。そこでは企業が社会的責任を果たし、企業行動がステークホルダーの期待に応えてはじめて企業価値が向上することになる。本論文では、グローバル企業が持続的成長のための源泉として生み出さなければならない企業価値とは、企業が直接間接にステークホルダーと係わる「株主価値、経済価値、社会価値の全てを含むもの」とする。

第4節　ステークホルダーからの企業の社会的責任の要請

　企業が社会的責任を果たし、企業行動がステークホルダーの期待に応えてはじめて、持続的成長の源泉となる企業価値が向上することになる。キャロルは、企業の社会的責任として、4つの次元をあげている。企業の社会的責任を果たすために、まず、①企業の存続・成長のために、基盤となる「経済的責任」を果たすことが必要とされ、加えて、②政府による法令違反企業への制裁や労働条件改善等の法的取り組みと同時に、企業側も「法的責任」を果たすことが要求される。そして、③企業は、自主的な取り組みとして、「倫理的責任」が不可欠であると、さらに、④経済的責任、法的責任、倫理的責任が果たされる前提で「社会貢献責任」が問われるとし

ている (Carroll, 2006, pp.35-41)。

　本論文における企業の社会的責任の定義は、上記のキャロルによる「企業の社会的責任ピラミッド」理論を踏まえ、「多様な利害関係者からの社会的要請に応じた企業行動責任の4つの次元」、すなわち、「経済的責任、法的責任、倫理的責任、社会貢献責任」とする。企業の社会的責任の領域については、環境対策や雇用問題の領域だけではなく、コーポレート・ガバナンスの問題領域への企業の社会的責任の拡張を考えて、「ガバナンス、内部統制、法令順守、消費者・取引先対応、環境、社会貢献、雇用・人材活用」を企業の社会的責任の領域とした。

　グローバル企業におけるコーポレート・ガバナンス問題は、企業内部に直接関係するステークホルダー、株主と経営者、取締役会と執行役員会、親会社と海外子会社の間の関係問題に加えて、企業の外部のステークホルダー、すなわち、取引先、消費者、株主・投資家、経営者団体、労働者団体、政府機関、地域社会、国際社会、NPO等との関係問題がある。コーポレート・ガバナンスの分野に関する企業の社会的責任も、当然、企業内外のステークホルダーに対して、経済的責任、法的責任、倫理的責任が果たされる前提で社会貢献責任が問われることになる。

第5節　コーポレート・シチズンシップ

　グローバル企業は、「自社の存続や繁栄が第一義の企業理念」を超えてステークホルダーからの企業の社会的責任の要請を受け、社会と共生を図り、社会の発展に寄与する「本業を通じて社会貢献する企業理念」が求められてくる。本業を通じて社会貢献する企業理念とは、社会価値創出や社会問題解決を意味する。社会価値を創出する企業とは、(1) 収益性を基軸とする事業価値（妥当な収益性）、(2) 社会の一員として社会への貢献を

図表1-3　グローバル企業に関する社会的責任とコーポレート・シチズンシップ

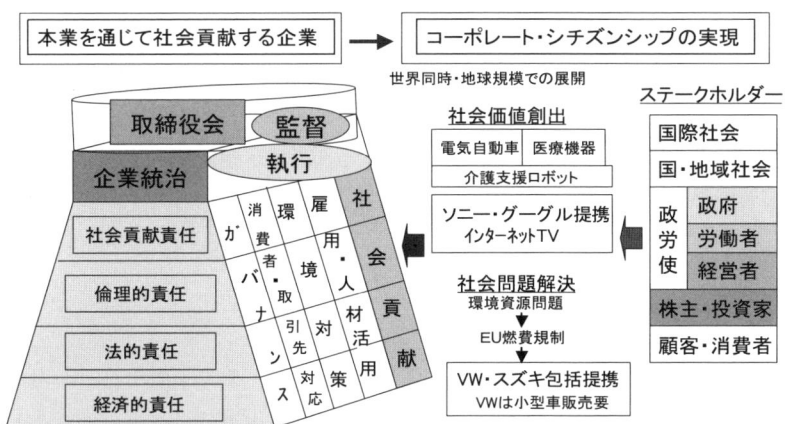

出所：Carroll, A. B., and A. K. Buchholtz (2006) p. 39の「企業の社会的責任ピラミッド」及び亀井 (2009), p. 37の「ソシオ・カンパニー」を参考にして、筆者が作成。

考える社会価値（広い社会性）、(3) 働く人々の働きがいや自己実現活動をサポートする人間価値（深い人間性）をバランスさせる企業を意味する。（亀井，2009, p. 37）。

　社会価値創出の事例は、ハイブリッド・カーや電気自動車、内視鏡等の医療機器、介護支援ロボット、インターネットTVに関するソニーとグーグルの業務提携等が考えられる。環境資源問題解決のための欧州委員会による燃費規制に対応して、小型車販売による罰金の低減を図るフォルクスワーゲンがスズキと結んだ包括提携は、結果としてフォルクスワーゲンが社会問題解決を迫らせた事例であると考えられる。「本業を通じて社会貢献する企業理念」とは、企業が社会の一員として、企業本来の営利活動とは別に社会貢献活動を行うこと、すなわち、「コーポレート・シチズンシップ」を実現することが求められる。つまり、コーポレート・シチズンシップを実現しながら、将来の存続を考え、社会と共存する企業、ソシオ・

カンパニー(Socio-Company)への道が要請されてくる(亀井, 2009, p. 37)。以上のグローバル企業の社会的責任とコーポレート・シチズンシップの実現について、図表1-3に要約した。

　ステークホルダーに対する企業の社会的責任を果たすためには、財務情報の利害調整及び情報提供機能を強化し、過去・現在・未来の財務情報を事業戦略や具体的戦術に活用することが重要となっている。

小括

　最近の企業の事業活動のグローバル化の動向は、戦略としては、企業の大規模化、国際化、多国籍化、グローバル化により持続的成長の源泉である企業価値を創造しようとするものである。具体的な戦術は、国内市場を中心とした事業展開から企業活動の舞台を海外市場に移し、海外調達比率、海外生産比率、海外売上比率、海外資産比率、海外従業員比率等を高めていくことによりグローバル企業に進化して企業価値を創造しようとしている。

　グローバル企業のリスク環境を認識するために、グローバル企業への各発展段階におけるリスク環境と発生要因の分析をおこなった。さらに、これらのリスク環境の中で、グローバル企業の持続的成長への方向性として、持続的成長の源泉となる企業価値創造が必要となる。ステークホルダーからの企業の社会的責任が増加する中で、財務情報の利害調整及び情報提供機能を強化し、過去・現在・未来の財務情報を事業戦略や具体的戦術に活用することが重要となっている。

注記

1) 今日、企業の多国籍化からさらに状勢が進み、その事業活動は「地球的規模の展開」をしている意味で、ここでは、「グローバル化」の表現を使用した。
2) 日本企業、特に内需型企業による海外企業の買収が急増している。2010年度上期（4月～6月）は買収総額は1兆5,300億円（前年同期比54％増）で、件数では251件（前年同期比58％増）となり、半期ベースでは2001年度以降では最高となる。NTTが世界中に顧客基盤を持つ南アフリカのIT大手企業のディメンション・データ（買収額2,860億円）、キリンホールディングスがシンガポール飲料最大手企業のフレイザー・アンド・ニーヴ（846億円）、日本電産が米国電気大手企業のエマソン・エレクトリックのモーター事業部門（600億円）を買収した。（日本経済新聞2010年10月8日）。
3) 本書では、グローバル企業が持続的成長のための源泉として生み出さなければならない企業価値とは、企業が直接間接に関係するステークホルダーとかかわる「株主価値、経済価値、社会価値の全てを含むもの」とする。
4) 本書では、グローバル企業の定義は、国内市場から海外市場へと市場拡大を図りながら、企業の大規模化、国際化、多国籍化、グローバル化によるリスク負担行動と同時に、チャンスの最大化から地球規模レベルで企業価値の最適化を実現しようと事業展開する企業とする。
5) 日本経済新聞2010年5月19日、たとえばHOYAは海外子会社の配当として、2009年4月～6月に約1,200億円を国内に戻し、株主への配当金や借入金の返済に充てる。
6) 日本経済新聞2010年6月1日、海外売上比率目標を引き上げた会社として、川崎重工業は現在の48％から2020年65％、パナソニックは現在の48％から2020年55％等がある。

第2章　財務情報における制度・規制によるリスクマネジメント

　本章では財務情報の制度・規制におけるリスクマネジメントの歴史的流れを概観する。その上で、財務情報のグローバル化に伴う開示と監査の国際的統一の歴史的流れを考察する。近年のディスクロージャーをめぐり不適正な開示事例の発生、それに対する制度・規制による解決策を論じる。

第1節　財務情報に関するリスクマネジメントの歴史的流れ

　会計に関するリスクマネジメントの歴史は、「透明化（transparency）、標準化（standardization）、証明業務（attestation）」の発展の歴史である（Daelen and Elst, 2010, p.7）。
　財務情報の透明化、標準化及び証明業務は、情報の非対称性による情報提供の機能不全を基因とした会社資金の横領、財務報告の虚偽表示、非効率・非有効管理による損失、リスクの高い戦略による損失に関するリスクを低減するために、予防的手段として行われてきた。近年、企業活動がグローバル化する中で財務情報の透明化を高める為に、その証明業務(監査)と共に　国際的標準化が急速に進められている。図表2-1の過去の歴史的循環が示すように、透明化、標準化及び証明業務の制度対応は、重要であるが、常に限界が存在し、新たなリスクが顕在化して、継続した制度改革が必要となる。

図表2-1 制度・規制によるモニタリングと歴史的循環

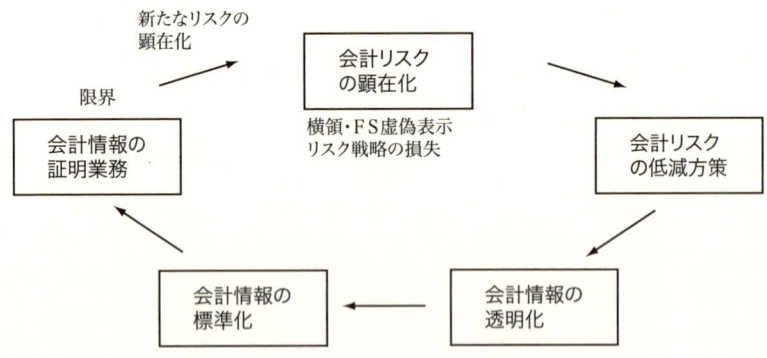

「透明化、標準化、証明業務」の発展の会計のリスクマネジメントの歴史は、グローバル化に伴う制度・規制によるモニタリングとして、現在も図表2-2に示すように、繰り返されている。

近年、会計リスクの顕在化が多発した。その原因は、情報の非対称性による情報提供の機能不全によると考えられた。制度・規制による会計リスクの低減方策は、情報提供の透明性の要求を強め、証券市場の会計情報の開示制度の強化と信頼性を担保するための保証業務としての会計監査の強化がおこなわれた。さらに、企業のグローバル化に伴う制度・規制として、国際会計基準や国際監査基準の統一化による標準化が進められてきた。しかし、標準化による問題として、バブル期や経済危機時に正しい物指しとして実態を反映しなくなる機能不全が、特にリスク資産の公正価値測定の問題として発生した。そこで、制度規制（ハードロー）に加えて、ソフトローの面からも、ガバナンスやリスクマネジメントの対応が、規制当局ばかりでなく、企業内の取り組みとしてなされてきている。

グローバル企業のような個別の組織においては、透明化、標準化及び証明業務の制度対応は、法的必須条件として行わなければならない。さらに、

図表2-2 グローバル化と制度・規制によるモニタリング

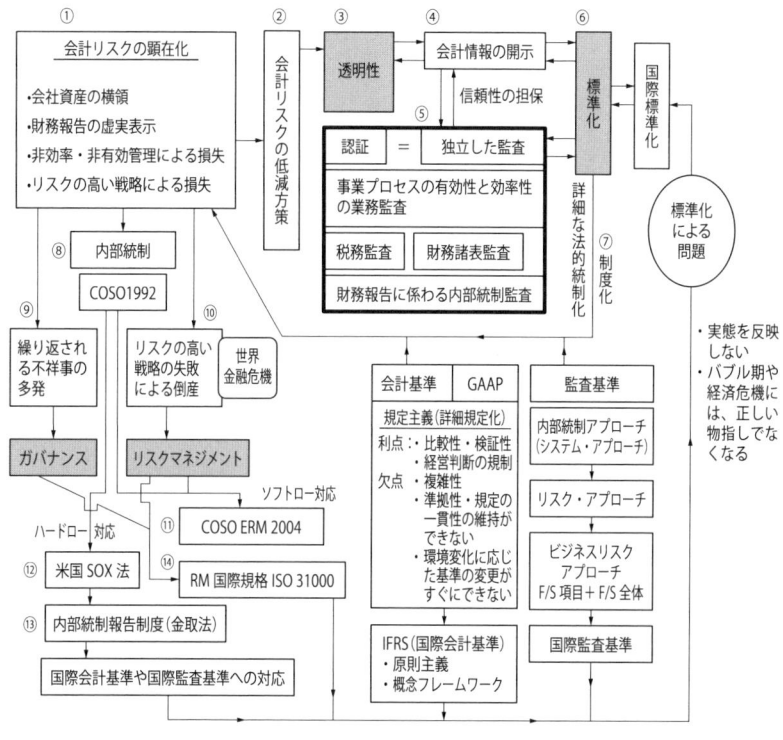

企業の持続的成長への道への十分条件として、リスクの高い戦略による損失に関するリスクの低減を図る企業内の仕組みと共に、倫理規範を含む企業のリスク文化の創造・促進が求められる。

第2節 財務情報のグローバル化に伴う開示と監査の国際的統一の流れ

会計に関するリスクマネジメントの歴史について、次に、財務情報のグローバル化に伴う開示と監査の国際的統一の流れについて概観する。

企業活動のグローバル化が一層進展してきた環境のもとで，1973年にIASB（国際会計委員会）が設立された。設立当初の参加国は、米国、英国、アイルランド、オーストラリア、カナダ、フランス、ドイツ、メキシコ、オランダ、日本であった。目的は、国ごとに異なる会計基準（実務）の差異を減少させ、理解可能で比較可能な財務情報を作成するために、国際的な調和化（harmonization）であった。「標準化（standardization）」へ，さらには、IFRS（国際会計基準）と相互に受け入れ可能となるまで基準を近付けるプロセスを意味する「収斂化（convergence）」へ、そして、IFRS をそのまま導入することを意味する「適用化（adoption）」へ、国際的統一の流れが加速してきた。

　その背景には、資本市場が急速にグローバル化し、国境を越えた資本取引が日常化するにつれて、財務諸表の国際的な比較可能性が著しくそこなわれている現実に対する利用者の不満が、財務情報に対する批判となって現われた。その結果として、会計基準を国際的に統一しようとする気運が一気に高まり、世界の主要国が協力してグローバルな会計の標準となりうる国際会計基準を設定し、会計基準を国際会計基準に合わせる作業に真剣に取り組み始めたのである（田宮，1999, p.2）。

　企業はグローバル・マーケットでの活動の比重をシフトさせており、今後ますますグローバルな資本市場での資金調達が不可欠となっている。こうした中で、そのディスクロージャー・レベルが十分でないと、必要以上の資金調達コスト払わなければならなくなる可能性がある。このような企業にとって、自らのディスクロージャーを拡充させることは、グローバルな活動を継続させていくうえで不可欠になってきている。また，企業側ばかりでなく、企業のステークホルダーにとっても、ディスクロージャーの重要性は高まっている。これまでは倒産しないとみられていた金融機関、ゼネコンなどの相次ぐ破綻で、自らの保有する有価証券の価値がゼロにな

ってしまった株主、債権者も少なくないからである（伊藤，2006，p.131）。

日本における会計基準の国際的統一に向けての促進要因は、何といっても1990年代に入ってバブル崩壊過程で打ち出された、1996年11月に橋本龍太郎元総理が表明した「金融ビックバン」にあると言える。そこでは「フリー」、「フェアー」、「グローバル」のキーワードを重視して、2001年までに規制緩和を実施して制度環境を整備することを求めたからである（野村，2007，p.115）。

1997年6月に企業会計審議会から「連結財務諸表制度の見直しに関する意見書」が出され、2000年3月期から日本企業が開示する情報を大幅にあらためることになったのは、このような時代の変化の中で、日本のディスクロージャー制度を連結財務諸表中心の体系に改めるなど、できる限り国際会計基準に準拠させ、バスに乗り遅れまいとする真剣な取り組みを具体的に示すものと位置づけることができる。

この「連結財務諸表制度の見直しに関する意見書」では、「連結優位」すなわち、「個別企業会計に対する連結会計の優位」が謳われた。そこで連結業績の向上が必要とされ、連結経営の発展が強調されたのである。「連結優位」の下では、時価評価重視の傾向は必然となる。その後、時価測定を中心とした会計原則及び基準、すなわち、「税効果会計」、「リース会計」、「退職給付会計」、「金融商品会計」、「減損会計」等が改定、公表された。

2007年8月には、企業会計基準委員会（ASBJ）と国際会計基準審議会（IASB）は、日本基準と国際財務報告基準（IFRS）との会計基準の国際的統一（コンバージェンス）を加速する取組み（「東京合意」）、即ち、2011年6月までに日本基準と世界100ヵ国以上で利用されている国際会計基準との違いを解消することを正式発表したのである（企業会計基準委員会，2007）。

世界の会計基準としては、主に欧州中心の国際会計基準、米国の会計基

準及び日本の会計基準の3つがあるが、2008年8月に米国証券取引委員会（SEC）は米国の上場企業に国際会計基準の採用を認める方針を表明し、国際会計基準が世界共通の会計ルールになる流れが鮮明になってきた。日本は国際会計基準と日本の会計基準の会計ルールを擦り合わせる作業を進めている。実際に会計基準を作る企業会計基準委員会（ASBJ）や学識経験者らと国際基準の導入を向けた協議をはじめ、具体的には企業などからの要望を聞いたうえで、最終的に金融庁企業会計審議会での討議の上、強制適用の時期を決めることになる。

　これによって、財務会計情報の国際的な比較可能性と透明性が高まり、日本市場への海外からの投資を呼びやすくなるほか、日本企業の海外での資金調達も容易になる。日本基準を世界水準に整備する「会計ビックバン」が総仕上げを迎える。

　また、他方では、会計情報の信頼性に対する監査の保証水準の世界標準化を目指す動きがあった。つまり、2001年11月に、国際会計士連盟の国際監査実務委員会（IAPC）は、監査業務の国際的標準化を目指した、新たな監査制度の枠組みを公表したのである。

　その要点は、①各国が国際監査基準（ISA）に則した監査基準を設定するように監査基準設定主体に対してIAPCが働きかけること、②監査基準が実際に実務に適用され、保証水準が国際的標準に達していることを担保するために、監査事務所フォーラムの加盟事務所が国際的な品質管理体制を敷き、かつ多国間監査人委員会が管理する国際的ピア・レビューを受けさせること、③これらの仕組みの運営状況を国際的なIFAC公共監視審査会（POB）が監視すること、④証券監督者国際機構（IOSCO）は各国の証券規制当局と証券取引所にこれらの枠組みの受け入れと運用を働きかけること、の4点である。

　2002年には、国際監査実務委員会（IAPC）は国際監査・保証基準審議

会（IAASB）に改組した。米国の企業改革法の成立の後、国際会計士連盟の枠組みに修正が加えられ、公共監視審査会は、2003年に公益監視審議会（PIOB）として再編され、その監視のもとで国際監査・保証基準審議会は、国際監査基準の設定と国際的収斂を目指すようになった。

　一方で、国際会計基準の質的な向上による会計情報の透明性の確保と世界標準化を目指し、他方で、その会計情報の信頼性に対する監査の保証水準の世界標準化を目指すという、世界的な枠組みが誕生したのである（山浦，2008, pp.67-68）。

第3節　ディスクロージャーをめぐる不適正な開示事例の発生

　資本市場が急速にグローバル化する中、一方では、昨今、主要各国の資本市場において、財務報告の開示内容など、ディスクロージャーをめぐる不適正な開示事例が発生している。

　米国におけるエンロン（2001年）およびワールドコム（2002年）の粉飾決算に端を発した会計不信から、ヨーロッパにおけるパルマラット事件、日本での有価証券報告書の虚偽記載問題および公開企業の粉飾決算等に至るまで、公開企業の公表財務諸表に関する信頼性が大きく揺らいできている。

　1990年代後半、エンロンは次々にデリバティブ商品を生み出し華やかな成長をとげたが、半面、深刻な問題、世界各地に発電所を建設して、「これらの投資の失敗による巨額の損失」を抱えていた。この巨額損失を隠すために作られたペーパーカンパニー（約3,000社）が特別目的会社（SPE）であった。その手法は、基本的には、巨額損失を生み出す発電設備等の資産をSPEに飛ばして、飛ばした資産に損失が出たとき、その分をエンロン株を売却して補填する仕組みであった。それは、ウォール街の代表的金

融機関（メリルリンチ、JPモルガン等）が　出資に加わり複雑な金融手法を用いられた仕組みとなっていった（奥村，2006, pp. 54-62）。

当時の会計指針の解釈において、SPEを連結除外するため1つの要件、「総資産の3％以上の外部投資家による資本出資」を適用して、エンロンは、SPE（約3,000社）を連結範囲から除外して、「損失飛ばしと補填」のメカニズムを作り出した。また、時価会計の悪用(積極型会計＝Aggressive Accounting) により、3,000社を連結範囲から除外して、「損失飛ばしと補填」のメカニズムを作り出した。また、時価会計の悪用（積極型会計＝Aggressive Accounting）により、「いったん長期契約が締結されると、当該契約の下における将来キャッシュ・インフローの流列の割引現在価値が収益として認識され、早期に利益が認識され、過大な継続利益計上」をしたりして、見せかけの良い企業業績を演出してエンロンの成長神話を作り出し高い株価の維持を図っていた。バブルが崩壊してエンロン株は下落し、エンロンは破綻した（大島，2002, p. 108）。上記のエンロンの粉飾決算の仕組みは、図表2-3のように示される。

これを契機に、①米国では、2002年1月、SECがオフバランスシート・アレンジメント（連結範囲外のSPE取引等）の開示強化（FRR 61）を打ち出すとともに、②2003年1月にFASBがFIN 46「変動持分事業体（VIE）の連結-APB No. 51実務指針-」を公表し、③2003年12月に、FIN 46の改訂版にあたるFIN 46 F「変動持分事業体（VIE）の連結-APB No. 51解釈指針」を公表した（高島・草野，2004, pp. 256-258）。

この米国のエンロンの不適正な開示事例では、監査を担当する世界5大会計事務所の1つであったアンダーセンがエンロンの破綻直前年度に約30億円の監査報酬と約32億円のコンサルティング報酬を受け取っていたことが明らかになった。崩壊後には、アンダーセンは監査調書の大量破棄によって司法妨害罪で起訴され、株主訴訟によって約70億円の和解金を支払う

図表2-3　エンロンの粉飾決算の仕組み

エンロンの「損失の飛ばし」の仕組み

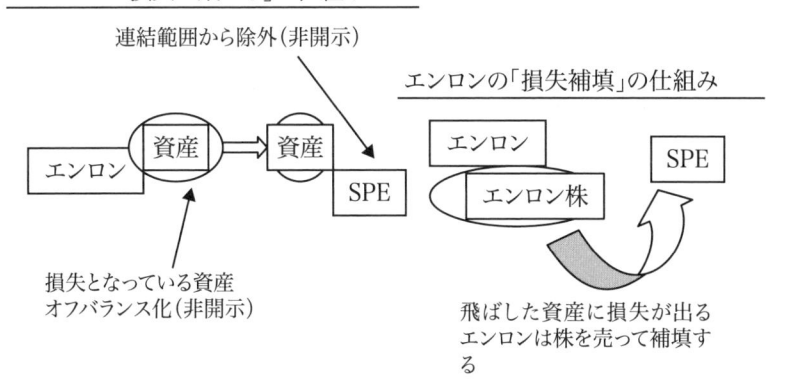

連結範囲から除外（非開示）

エンロン → 資産 → 資産 → SPE

損失となっている資産
オフバランス化（非開示）

エンロンの「損失補填」の仕組み

エンロン　エンロン株　SPE

飛ばした資産に損失が出る
エンロンは株を売って補填する

ことで合意して、2002年8月に事実上、消滅したのである（IBMビジネスコンサルティングサービス，2005, p.10）。

　パルマラット（Parmalat）は、イタリアの食品会社（乳製品が主）であり、ヨーロッパ有数の多国籍企業でもある。地元のサッカークラブのACパルマの親会社でもあったが、不正経理疑惑を受けて2003年に地元であるパルマの地方裁判所に破産申請した。

　日本では、2004年10月以降、西武鉄道株式会社における有価証券報告書の「株主の状況」に関する不実記載が多年にわたって隠蔽されていたという事実、カネボウ株式会社における多額の粉飾による有価証券の虚偽記載、株式会社ライブドアの有価証券報告書の虚偽記載などの事例が挙げられる（池田，2007, pp.6-10）。

　これらの不適正な開示事例の発生を契機に、各国、各地域において、公表財務諸表の信頼性を担保してきた外部監査人の責任が激しく問われると同時に、財務報告に係る開示企業の内部統制が有効に機能していなかった

のではないかとの懸念から、経営者による内部統制強化の責任の必要性が指摘されたのである。

このような状況を踏まえると、ディスクロージャーの信頼性を確保するため、開示企業における内部統制の充実は、個々の開示企業に業務の適正化・効率化等を通じた様々な利益をもたらすものである。同時に、ディスクロージャーの全体の信頼性、ひいては証券市場に対する内外の信認を高めるものであり、開示企業を含めたすべての市場参加者に多大な利益をもたらすものである（企業会計審議会，2007）。

第4節　制度・規制による解決策

米国では、エンロン事件等をきっかけに企業の内部統制の重要性が認識され、2002年7月に企業改革法（サーベインズ・オクスリー法）が成立し、その第404条（内部統制評価報告義務と監査）、関連のSEC規則および公開企業会計監視委員会（PCAOB）監査基準第2号において、有効な内部統制システムを構築し維持する責任は経営者にあることを認めた経営者自らの言明（宣誓書）および内部統制報告書の作成が義務付けられ、さらに、これについて公認会計士等による監査を受けることが制度化された（新日本監査法人編，2007, p.14）。

日本でも、2006年6月に成立した金融商品取引法により、「内部統制報告制度」が上場会社を対象に2008年4月1日以降開始される事業年度から適用され、「経営者（会社代表者及び最高財務責任者）による財務報告に係る内部統制の評価及び報告（内部統制報告書）」と「その評価結果に対する監査人による監査と意見表明」を義務づけた。図表2-4は、内部統制システムの制度化の流れを示したものである。

そこでは、内部統制を整備・運用する役割と責任を有するのは経営者で

図表2-4　内部統制システムの制度化

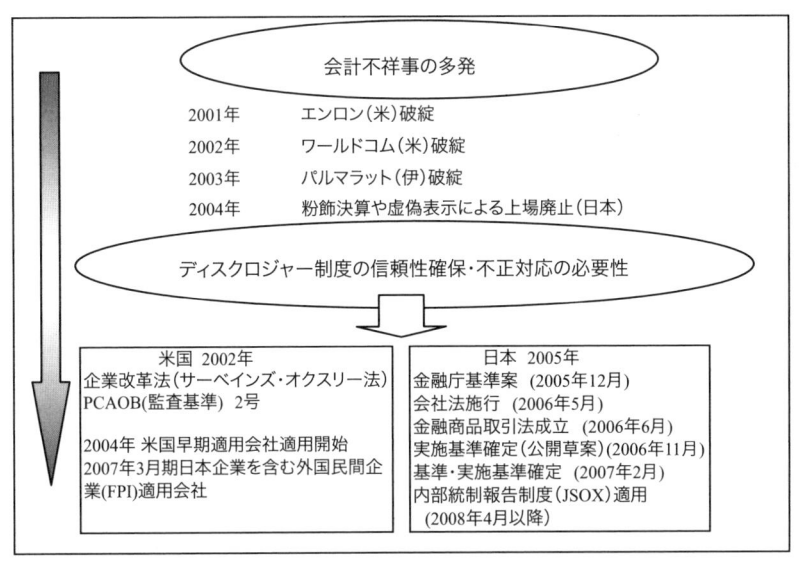

```
会計不祥事の多発

2001年    エンロン(米)破綻
2002年    ワールドコム(米)破綻
2003年    パルマラット(伊)破綻
2004年    粉飾決算や虚偽表示による上場廃止(日本)

ディスクロジャー制度の信頼性確保・不正対応の必要性
```

米国　2002年	日本　2005年
企業改革法(サーベインズ・オクスリー法) PCAOB(監査基準) 2号 2004年 米国早期適用会社適用開始 2007年3月期日本企業を含む外国民間企業(FPI)適用会社	金融庁基準案 (2005年12月) 会社法施行 (2006年5月) 金融商品取引法成立 (2006年6月) 実施基準確定(公開草案)(2006年11月) 基準・実施基準確定 (2007年2月) 内部統制報告制度(JSOX)適用 (2008年4月以降)

出所：新日本監査法人編（2007）『内部統制の実務 Q&A』東洋経済新報社，p.14。

あることを明確にした。そして、財務報告に係る内部統制については、その有効性を自ら評価して、これについて公認会計士等による監査を受けることを制度化したのである。

　また、日米以外でも、英国、フランス、カナダ、韓国等において、下記の通り同様の制度が導入されている（池田，2007, pp.39-40）。

　英国では、ロンドン証券取引所の上場規則に取り入れられている「統合規定（Combined Code）」において、取締役の内部統制システムの有効性の検証及び株主への報告義務が規定されている。このためのガイダンスとして「統合規定に関する取締役のためのガイダンス」（ターンバル・ガイダンス）が示されており、本ガイダンスに従っていれば統合規定の条項に準拠していることとされる。また、統合規定の条項に準拠していない場

合には、その理由を説明する義務を負うこととされている。

　フランスでは、2003年8月に成立した金融安定法117条に基づき、株式会社の取締役会会長には、内部統制手続きに関する報告書を作成し、株主総会に報告することが求められている。内部統制の評価のフレームワークは特定されておらず、米国のCOSO報告書の基準や国内の諸団体が作成する基準等の中から企業が選択しているようである。監査人は、取締役会会長が作成した報告書に対して監査報告書を作成し、株主総会に報告することとされている。

　カナダでは、カナダ証券監督当局（CSA）は、2007年3月にCSA通達52-109（公開草案）を公表し、発行企業のCEOとCFOに対して、企業の財務報告に係る内部統制の有効性を評価し、評価プロセスと評価結果を報告することを求めている。内部統制の評価について、特定のフレームワークは指定されていないが、準拠したフレームワークを開示することが求められている。これに関して、カナダ勅許会計士協会の統制基準審議会（Criteria of Control Board：CoCo）から内部統制についてのガイダンスが公表されている。

　韓国では、2003年に企業制度改革法（会計制度改革法）が成立し、「株式会社の外部監査に関する法律」が改定され、2006年1月より、財務報告に係る内部統制の評価及び独立監査人によるレビューが制度化された（内部会計管理制度）。内部会計管理制度においては、会社の代表者が会社の管理運営の責任を持ち、また、代表者が指名した内部会計管理者は、半期ごとに取締役会と監査役（監査委員会）に内部会計管理制度の運営状態を報告する義務がある。この点につき、2005年6月に財務報告に係る内部統制の構築、評価及び報告等に関するガイドラインとして、「内部会計管理制度模範基準」が公表されている。

　このように、主要各国は、ディスクロージャーをめぐり不適正な開示事

例の発生に対応してディスクロージャーの信頼性を確保するために、企業における内部統制が有効に機能することが必要であり、財務諸表監査の二重責任の原則のその責任者である経営者と監査人に、財務報告に係る内部統制についての有効性評価の責任と義務を法的に要請することにより解決策を見出したのである。

小括

　財務情報の透明化、標準化及び証明業務としての制度・規制におけるリスクマネジメントの歴史的流れは、近年、財務情報のグローバル化に伴う開示と監査の国際的統一の流れとして進行している。近年のディスクロージャーをめぐり不適正な開示事例の発生に対する解決策としては、制度・規制による対応が実施された。具体的には、財務報告の情報提供機能の改善・強化を目的に、内部統制報告制度の導入が世界的レベルで実施されている。

第3章　財務情報に関するリスクマネジメントのパラドックス

　本章では、妥当に見えるモラル・ハザードの予防策、すなわち、インセンティブ報酬システムや経営監視モニタリング・システムが、貸借対照表項目のオンバランス化や公正価値測定を引き金にパラドックスを引き起こしたケースを分析する。その上で、インセンティブ報酬システムや経営監視モニタリング・システムのパラドックスに対する解を考察する。最後に、パラドックスを引き起こした公正価値測定と、会計観の歴史的展開との因果関係を論ずる。

第1節　オンバランス化と公正価値測定によるパラドックス

　企業の不祥事（会計不正、監査不正）が多発する中で、ステークホルダーの意思決定に有用な財務情報提供を阻害する「経営者の裁量行動リスク」に対する究極の予防策が考案された。すなわち、「財務情報のオンバランス化」や「観察不可能な価値の見積もりも排除しない公正価値測定」を前提とした予防策である。これらの妥当と見えるリスクの予防策の推論から受け入れがたい結論が得られたケースを分析する。

　企業の所有と経営の分離（Berle and Means, 1932）に基づいて、エージェンシー理論は、経営者（Agency）が株主（Principal）との間に存在する情報の非対称性に付け込んで、悪徳的に浪費等の自己利害に走るリス

図表3-1 モラル・ハザード現象と予防策のパラドックス

```
リスク： 経営者がステークホルダーの為ではなく、自己の利害に走るリスクの可能性

企業の所有と分離 → 情報の非対称性 → モラル・ハザード現象（エージェンシー理論）
                          ↓
                       リスク予防策
              インセンティブ報酬システム    経営監視モニタリング・システム
    経営者の過度の報酬欲求          バーゼルⅡ規制（銀行のミニマム・リスク管理スタンダード）
    非倫理的特性                 自己資本比率規制、会計基準（公正価値）
                  デリバティブ商品開発と販売
                  不良債権になることの確率が高いサブプライム・ローン
受   リスクの高い戦略の選好  ←  資本市場での金融商品価格崩壊
け
入   高額報酬
れ
が       巨額な損失   世界同時金融危機   景気循環増幅効果
た   多額の  企業倒産                （プロシクリカリティ）
い   退職金
結           財務情報のディスクロージャー（時価会計）
論
            信頼性  →  忠実な表現
```

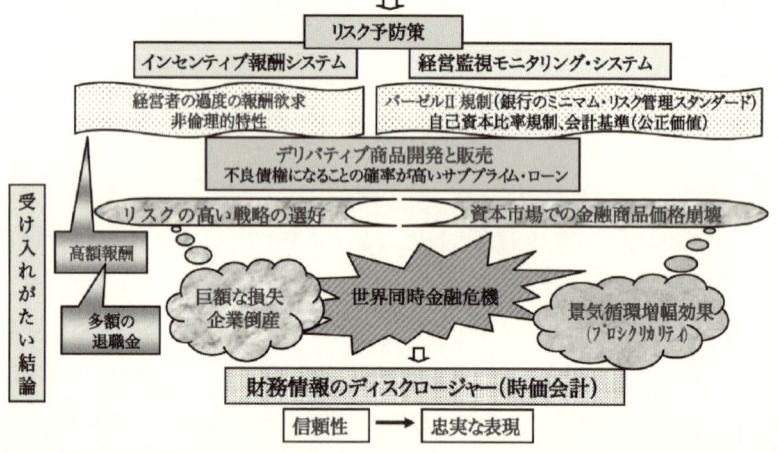

クの可能性、即ち、モラル・ハザード現象が生じると論ずる（Jensen and Meckling, 1976）。リスク予防策として、経営者のインセンティブ報酬システムや行動監視モニタリング・システムが論じられ、世界の証券市場に上場する多くの企業によって、これらの予防策が導入された。しかし、今回の世界同時金融危機のように、妥当に見えるリスクの予防策の推論から、受け入れがたい結論が得られたことによる戦略のパラドックスが生じた（Raynor, 2007, pp. 305-360）。

図表3-1に見るように、経営者のインセンティブ報酬システムに関しては、世界主要国の金融当局によるFSB（金融安定化理事会）は、「長期的なリスクを十分考慮せずに、（デリバティブ商品の時価会計による財務報告上の利益に基づいた）短期的な高い利益に連動して多額な賞与を支払う大手金融機関の報酬慣行は、金融危機の原因の一つであった」と評価し

た（Financial Stability Board, 2009）。

　また、G20ロンドン・サミットにおいて、時価会計及びこれをベースにした行動監視モニタリング・システムである金融機関の自己資本規制（バーゼルⅡ）は景気循環を増幅し、マクロ経済に悪影響を及ぼしたとして、景気循環増幅効果（プロシクリカリティ）を軽減するための提言の実施を進めるべきとした（U.S. Department of Treasury, 2009）。

第2節　インセンティブ報酬システムのパラドックスに対する解

　倫理欠如の経営者と同調者が、天井のない欠陥報酬メカニズムに刺激されて、短期的には高い収益をもたらすが最終的には破綻をもたらすデリバティブ商品を販売したこと、これらが、金融危機を引き起こした原因ならば、これらをいかに改善し、または排除するかが課題となる。

　米国では、金融危機の再発を防ぐ目的で、2010年7月21日に金融改革法、「ドッド＝フランク　ウォール・ストリート改革及び消費者保護法（ドッド＝フランク法）」（Dodd-Frank Act, 2010）が制定され、デリバティブ商品販売の規制や役員報酬の開示強化が行われた。これは金融機関ばかりでなく、全ての上場会社に対して、2011年の委任状／株主総会の招集通知より適用された。役員報酬については、開示強化（第9編　第E章　説明責任及び役員報酬）が求められた。具体的項目は、①Say-on-pay　制度の義務化、すなわち、役員報酬の賛否について株主による投票の義務化、②報酬委員会およびそのアドバイザーの独立性の強化、③報酬と成果の連動、報酬の内部公平性、報酬に対するヘッジ方法、および現行のリーダーシップ構造を採用する理由の開示強化、④クローバック条項、すなわち、誤った会計数値に基づいて支払われた報酬を回収する取り決めの設定等である[1]。

リーマン・ショック（2008年9月15日）以後、グローバルな経済政策の重要課題として、G20首脳会議等で金融監督の強化が議論された。日本では、「平成22年内閣府令12号」が公布・施行され、2010年3月31日以降に到来する決算期に係る有価証券報告書に、役員報酬に関して「連結報酬等の総額が1億円以上である者について個別に開示すること」が義務付けられた。

　住友信託銀行証券代行部編（2010年10月）「有価証券報告書における役員報酬開示の事例分析」によると、2010年3月31日以降に決算期が到来した対象会社1,916社のうち、1億円以上の報酬があった役員の個別開示をした会社は139社であり、従業員の平均年収の60倍以上の報酬を得た役員は8名である。最高の報酬額は、日産の社長兼CEOカルロス・ゴーンで報酬は8.9億円であり、従業員の平均年収670万円の142倍である。日本人役員の最高報酬額は、大日本印刷の社長の北島義俊の7.9億円であり、従業員の平均年収647万円の121倍である。

　おおむね1億円以上の報酬を得ている役員の報酬は従業員の平均年収の10倍から40倍までのところに集中している。1億円以上の報酬を受けた役員のいる企業の中には、日産自動車、東芝、新生銀行の3社は無配、住友金属工業、新生銀行は赤字であった。外国法人による持株比率の高い企業が、比較的高額報酬を支給している傾向があった。

　金融危機後、日本国内市場の需要は減少し成長が期待できない状況にあり、内需型大手企業を中心に海外事業比率を高め、グローバル化を加速する企業が相次いでいる。これらの企業は、多文化環境でのグローバル経営の経験や能力を持つ経営陣が必要になり、また、外国人の経営陣を採用し海外の運営を委託することが多くなる。各国の労働コストや役員報酬システムは異なり、優れたグローバル人材の確保と新たな報酬システムの構築が必要になる。

図表3-2　インセンティブ報酬システムのパラドックスに対する解

経営者報酬の開示強化

米　国	日　本
ドッド＝フランク法	1億円以上の役員報酬の開示
1）役員報酬の賛否の株主投票義務 2）報酬委員会・アドバイザーの独立性強化 3）報酬と成果連動等の理由の開示強化 4）誤った会計数値に基づく支払報酬の回収	2010年3月～2011年1月期決算で役員報酬1億円以上の開示企業は累計145社、人数は同268人 **法的ガイドラインなし**

法的規制の強化・緩和の循環は業界団体や規制当局と政治的綱引の中で、経済の景気状況や世論の反応に左右されながら変動

人間はいかに法でその行動を締め付けても、不正を働くことがある。人間の方に目を向け、行動規律、倫理観、企業文化を構築すべき(上田、2009a, p.21)。

**高いリスク発生の可能性・
戦略の修正、複数の代替戦略からの最適化解を見出し意思決定する事が必要**

企業組織内に戦略リスクを監視する役割の任命
CRO：チーフ・リスク・オフィサー／コーポレート・リスク・オフィサー

　過去の歴史を見ると、法的規制の強化・緩和の循環は、業界団体や規制当局との政治的綱引きの中で、経済の景気状況や世論の反応に左右されながら変動してゆく。従って、法的制度規制のみから、経営者報酬問題に関連した戦略のパラドックスの解を見出すことは難しい。今回の日本の「平成22年内閣府令12号」は「役員報酬の開示」義務のみで、何らの経営陣の報酬システムに対する法的ガイドラインを示すものでなかった。図表3-2のように、インセンティブ報酬システムのパラドックスに対する解の方策として、米国と日本の制度対応が示される。

　経済環境の変化や激烈な企業間競争により、企業が持続的に利益を上げることは、実際、容易ではない。経済的に悪影響を及ぼすリスクが高い商品やサービスと分かっていても、それらを販売すれば、近い将来に、企業に巨額な損失や倒産を引き起こす可能性があることを分かっていても、短

期的に利益を得ることができ、最悪の結果でも、自分たちが何ら社会的にも責任を負わずにすむと思うと、高額報酬を得るために、安易な道を選択する経営陣と同調者達が出てくる。

今回の金融危機は金融業界を中心に世界経済全体を巻き込んだ。高額報酬欲求にとりつかれた金融機関の経営陣、不良債権になることの確率が高いサブプライム・ローンを材料にデリバティブ商品を作り出す金融エンジニア、リスクの高いデリバティブ商品に高い格付けをする格付け会社のスペシャリストたちを中心に引き起こされたと言われる。これは、天災（自然災害）ではなく、まさに人災（不適切行為）であり、未曾有の経済的災害を世界中に引き起こしたソーシャル・リスクである。

経営倫理あるいは経営者倫理の欠如している不良経営者が企業の実権を握っている以上、いかなる法律、規則、定款、約款、規定も極めて無力であるという指摘がある（亀井，2009, p.21）。人災（不適切行為）によるソーシャル・リスクの予防策について、企業行動の源泉である人間はいかに法でその行動を締めつけても、何らかの原因、要因により不正を働くことがある。したがって、倫理リスクマネジメントのウエイトはむしろ人間の方に目を向け、企業トップや社員がそうした行動をとりにくくする規律、倫理観、企業文化などを作るべきであるとの指摘もある（上田，2009 a, p.21）。

パラドックスの解には、経営者倫理問題の改善が重要となる。さらに、コミットした戦略が、経営者の非倫理的特性により、高いリスクを発生させ、大失敗の見込みを高める可能性が許容レベルを大きく上回る場合には、直ちに戦略を修正させ、複数の代替戦略から最適解を見出し意思決定させることが必要となる。戦略リスクを監視する役割が企業組織内に必要である、たとえば、戦略リスクを監視し、取締役会に警告を発するチーフ・リスク・オフィサーとか、コーポレート・リスク・オフィサーと呼ばれる役

員の任命が考えられる。

第3節　経営監視モニタリング・システムのパラドックスに対する解

　バーゼルⅡによる自己資本比率規制は2007年3月末に導入された。図表3-3に示すように、公正価値によって、ファンダメンタルズ（経済活動の状況を示す基礎的な要因）を反映しない損失が自己資本比率を著しく押し下げ、銀行による投げ売りを誘発した。

　具体的には、金融商品（リスク資産）の公正価値測定による損失が投げ売りを促進し、金融危機がいっそう深刻になったという批判がある (American Bankers Association 2009)。

　経営監視モニタリング・システムのパラドックスに対する解として、一つは、景気循環増幅効果の緩和策として、バーゼル銀行監督委員会が、バーゼルⅢテキスト及び定量的影響度調査の結果を2010年12月16日に公表した (The Basel Committee, 2010)。銀行に対する新たな自己資本比率規制であるバーゼルⅢは、国際的に活動する銀行に対して、今後も大きなリスクを取ることを許容する一方で、損失が発生した場合に備えて、厚い資本バッファーを持たせることを要求している。

　具体的には、資本流出抑制策として、資本バッファー（最低比率を上回る部分）の目標水準に達するまで配当・自社株買い・役員報酬等を抑制するものである。

　他方、公正価値フレームワークと開示強化のために、IASB（国際会計基準審議会）は、公正価値測定と開示に関する新基準書として、2011年5月12日にIFRS（国際財務報告基準）第13号を公表した (IASB, 2011)。ここでは、レベル3（観察不能な市場価値）の公正価値の開示内容の透明性を高める為に、評価技法や重要な観察不能なインプット数値情報などの開

図表3-3　バーゼルⅡが有する潜在的な景気循環増幅効果

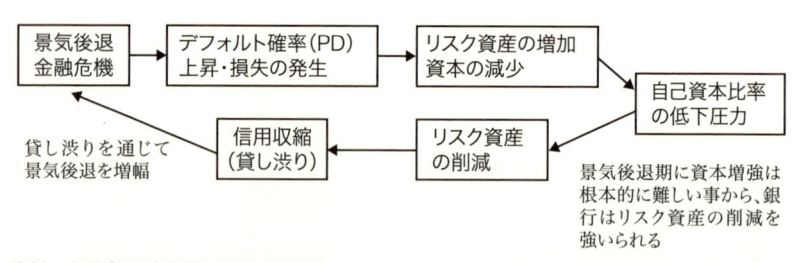

景気後退 金融危機 → デフォルト確率(PD)上昇・損失の発生 → リスク資産の増加 資本の減少 → 自己資本比率の低下圧力 → リスク資産の削減 → 信用収縮（貸し渋り） → （貸し渋りを通じて景気後退を増幅）

景気後退期に資本増強は根本的に難しい事から、銀行はリスク資産の削減を強いられる

資料：金融庁/日本銀行，2010より作成。

```
バーゼルⅡの自己資本比率 ＝
　自己資本（基本的項目＋補完的項目＋準補完的項目－控除項目）
　リスク資産（信用リスクアセット，市場リスク相当額，オペレーショナルリスク）

（最低所要自己資本比率）国内基準行は4％以上，国際統一基準行は8％以上
（分子）
　基本的項目：資本金・資本剰余金・利益剰余金など
　補完的項目：その他有価証券の評価益の45％相当額，一般貸倒引当金，劣後債や劣後ロ
　　　　　　ーン等の負債性資本　調達手段，調達手段，土地再評価差益額など
　準補完的項目：期間2年以上の短期劣後債務
　控除項目：金融機関相互の資本調達手段の意図的な保有，低格付・無格付の証券化エク
　　　　　　スポージャー額等
（分母）
　リスク資産：リスク調整後資産等，信用リスクは，与信残高にリスク・ウェイトを乗じて
　　　　　　算出
```

示要求強化をおこなっている。この基準書はFASB（米国財務会計基準審議会）とのコンバージェンス・プロジェクトにおいて開発され、IASBとFASBの公正価値に関する規定はおおむね一致した。基準書はIASBの測定の目的と一致する公正価値の見積もりに関する主要な原則を規定しており、公正価値測定と開示のフレームワークを提供するものである。そして、公正価値で測定される金融商品と非金融商品項目の双方に適用される。

　公正価値の定義については、公正価値を市場参加者の観点から、「測定日において市場参加者間で秩序ある取引が行われた場合に、資産の売却に

よって受け取るであろう価格、または負債の移転のために支払うであろう価格」（IFRS 13.9. A）、すなわち、出口価格として定義している。公正価値は、企業固有の測定ではなく市場に基づく測定である。公正価値は市場参加者が資産・負債の価格付けを行う際に用いるであろう前提条件（リスクに関する前提条件も含む）に基づいて測定される。従って、公正価値を測定する際に、企業の資産を保有する意図または負債を決済または履行する意図は関係ないとする（IFRS 13. par. 2）。

出口価格が公正価値の一般概念ではなく、特殊概念であり、現在価値が一般概念ではないか、との指摘もある（上野, 2011, p. 18）。インプットの3つのレベルの公正価値ヒエラルキーについては、後で述べるが、この主張の論拠は、インプット・レベル1、2、3の全てにおいて、現在価値が唯一の公正価値であるからとしている。すなわち、観察可能な価格を市場でできるのは、インプット・レベル1と2の時で、この場合は、出口価格と現在価値が一致しているという。そして、インプット・レベル3の時、観察可能な価格を入手できない場合は、現在価値が唯一の利用可能な最適方法となるとしている。レベル1のインプットとレベル2のインプットは、観察可能である市場価値は客観価値である。それに対して、レベル3のインプットは、観察不能であるので、主観価値である現在価値に依存することになり、経営者の恣意的な裁量行動の問題が潜在する。

IFRS第13号では、レベル3の主観価値である現在価値である公正価値の開示内容の透明性を高める為に、評価技法や重要な観察不能なインプット数値情報など、更なる開示要求強化がなされている（IFRS 13. par. 93）。

「取得原価は、取引時点の時価、すなわち、取引価格（市場価値）である。取得価値（過去価値）と市場価格（現在価値）は時間軸の相違によって生じる表象上の相違に過ぎず、市場価値は本質的には、取得原価と同質なものと位置づける事ができる」（渡邊, 2011, 終章, p. 1）。しかし、観

察可能な価格を入手できない場合のレベル3で適用される割引現在価値（未来価値）に原点を置く公正価値とは、その本質において大きく異なるとの指摘がある（渡邊，2011，終章，p.1）。

公正価値測定については、資産を売却するまたは負債を移転する取引が、対象資産または負債の主要な市場で行われると仮定する。主要な市場とは、対象資産・負債の取引量が最も多く、取引水準が最も高い市場である。主要な市場がない場合には、取引は最も有利な市場で行われると仮定する。最も有利な市場とは、取引コスト及び輸送コストを考慮したうえで、資産を売却することにより受け取る金額が最大となる、または負債を移転するために支払う金額が最小となる市場である。多くの場合、主要な市場と最も有利な市場は同じになる（IFRS 13, pars. 16・19）。

非金融商品の公正価値測定については、その非金融資産へ使用すること、または非金融資産をその最も有効な方法で使用する市場参加者へ売却することによって経済的便益を生み出す市場参加者の能力を考慮する。「最も有効な使用方法」とは、資産価値を最大にする市場参加者による非金融資産（または非金融資産と一緒に使用される資産及び負債のグループ）の使用方法である（IFRS 13, pars. 27・28A）。

公正価値ヒエラルキーについては、公正価値を測定のために使用される評価技法へのインプットを3つのレベルに階層化された公正価値ヒエラルキーが適用される（IFRS 13, par. 72）。レベル1のインプットは、完全に観察可能であること、レベル2のインプットは、直接または間接的に観察可能であること、レベル3のインプットは、観察不能であること、である。公正価値ヒエラルキーにおける優先順位は、レベル1インプットにおける活発な市場における同一の資産・負債の（調整前）公表価格（レベル1インプット）が最も高く、観察不能なレベル3インプットが最も低い。

評価技法については、取引が市場で観察可能でない場合、評価技法とし

て、マーケット・アプローチ、インカム・アプローチ、コスト・アプローチが使用される（IFRS 13. par. 62）。これらのアプローチと測定基準との関係は、マーケット・アプローチは出口価格（売却時価）、インカム・アプローチは現在価値、コスト・アプローチは入口価格（購入時価）と言える（上野, 2011, p. 26）。公正価値の定義の出口価格とは異なる測定基準である入口価格のコスト・アプローチを、なぜ、公正価値の測定の評価技法の一つとしているか。その理由は、資産を取り換えるための企業のコストは、当該資産の市場参加者たる購入者が当該資産を取得するために支払うであろう金額に等しく、つまり、入口価格と出口価格は同一の市場において等しいという（IFRS 13. BC 141）。コスト・アプローチによる公正価値算定の主な手法は、再調達原価法である。再調達原価法は、物理的、機械的及び経済的劣化を考慮したうえで、同等の効用を有する資産を再構築するための金額を反映する手法である。

　公正価値を測定するために使用される評価技法は、関連する観察可能なインプットを最大限活用し、観察不能なインプットの利用を最小限に抑えなければならないとしている（IFRS 13. par. 67）。

第4節　公正価値測定によるパラドックスと会計観

　パラドックスを引き起こした公正価値測定と会計観の歴史的展開との因果関係を論ずる。周知のように、企業の不祥事（会計不正、監査不正）の多発する中で、財務情報について、「形式より実質」へと経済的実態把握が志向され、公正価値測定の導入により、見積もりや将来予測の要素が増加してきた。そこには、収益費用観と資産負債観の会計観が混在し、公正価値評価、会計の主観性、予測性、複雑性の増加の問題がある。

　会計基準の国際的共通化の動きの中で、IASB（国際会計基準審議会）と

図表3-4 財務情報の質的特性の変化 ——「信頼性」から「忠実な表現」へ

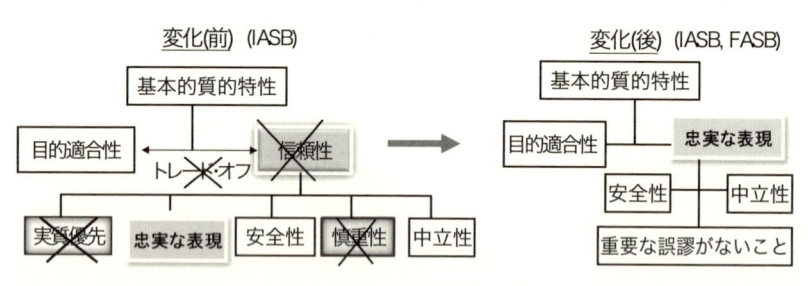

変化(前) (IASB)　　　　　　　　　変化(後) (IASB, FASB)

基本的質的特性　　　　　　　　　基本的質的特性

目的適合性　トレ~~ード~~・オフ　~~信頼性~~　　　　目的適合性　　忠実な表現

~~実質優先~~　忠実な表現　安全性　~~慎重性~~　中立性　　　安全性　中立性　重要な誤謬がないこと

　FASB（財務会計基準審議会）は財務報告の概念フレームワークの改善に向けた共同プロジェクトの第1フェーズが完了し、財務報告に関する共通の新概念フレームワークを2010年9月28日に公表した（IASB, 2010 and FASB, 2010）。図3-4に示すように、財務情報の基本的な質的特性は「目的適合性（relevance）」と「忠実な表現（Faithful Representation)」となり、旧概念フレームワークでの「信頼性（reliability）」は「慎重性（prudence)」と共に削除された。

　そこでは、企業会計における利害調整と情報提供という2つの機能の歴史的変遷や根底にある会計観を踏まえて、財務情報の質的特性の変容を考察する必要がある。

　会計には利害調整と情報提供という2つの大きな機能があり、会計の長い歴史は利害調整機能に始まり、その後、情報提供機能が加わった（安藤，2001, p.244）。

　利害調整会計については、複式簿記を前提とした伝統的な収益費用観が発展してきた。また、情報提供会計について、かつては、単式簿記を前提とした古いタイプの財産目録的アプローチ（資産の売却時価評価）が考えられ、その後、複式簿記を前提とした新しいタイプの財産目録的アプローチ（資産負債観）が登場した。そこでは、伝統的な収益費用観による会計

基準ではオフバランス取引としたものもオンバランス化し、時価評価は公正価値が容易に決定できる持分証券に適用された（安藤，1996, pp. 153-154）。さらに進んで、活発な取引市場が存在しないデリバティブ商品等にも適用されるようになってきた。公正価値測定について観察不可能な価値の見積もりも排除しないという方向が、財務情報の基本的な質的特性における「信頼性」から「忠実な表現」へ導いたのかもしれない。

貸借対照表項目の測定に関して、その歴史的変遷や根底にある会計観を考察するとき、1861年普通ドイツ商法の評価規定に遡り、そして、その後の貸借対照表項目の測定の硬さの軟化の歴史的変遷を見ることはたいへん参考になる。

1861年普通ドイツ商法の評価規定は、「換価価値のある財産だけをその価値によって計上する、という非常に厳格なものであった」（安藤，1997, pp. 97-98）。1884年のドイツ商法（株式法）改正から評価規定の軟化が始まった。評価規定の軟化という場合、「正味財産額を真実の状態より過大に表示する途を開くものが含まれること」を意味する（安藤，1997, p. 98）。

具体的には、評価規定の軟化として、固定資産の原価評価（マイナス減価償却額）のように、時価評価から原価評価に移行し、「ある財産について時価を上回る評価が容認されるようになった」（安藤，1997, p. 98）。経済不況時殊に恐慌時に、当時、鉄道会社等の固定資産の占める割合が多い会社は、時価評価を取ると多くは債務超過となり、破産法上、破産開始の原因となってしまうことが判った。実際の破産は、支払不能が原因であったから、時価評価から原価評価へと変化（軟化）が進行したのである（安藤，1997, pp. 108-110）。

近年、証券市場における会計の情報提供機能の強化の中で、反対に原価評価から時価評価への流れが起きている。

先に述べたドイツ商法での時価評価から原価評価の流れの中では、「債

権者」への状況開示（破産）目的により時価主義を取り貸借対照表は換価価値のある財産だけをその価値によって計上する、という厳格な規定を原価評価へとその測定を軟化させた。

今度は、「債権者／出資者」への状況開示（ステークホルダーの意思決定に有用な情報の提供）目的により、可能な限り、貸借対照表項目はオンバランス化して、取得原価に代えて、時価（公正価値、正味実現可能価額、使用価値）で計上する、という測定の変化であった。これは、貸借対照表項目の測定の軟化に比して硬化といえるであろうか？　観察不可能な価値の見積もり排除しない途を開いた点を考えると、明らかに、公正価値評価による貸借対照表項目測定の更なる軟化と言える。

この軟化の要因は、企業の不祥事（会計不正、監査不正）の多発する中で、財務情報について、「形式より実質」へと経済的実態把握志向によるものであるが、これが、財務情報の基本的な質的特性における「信頼性」から「忠実な表現」へ導いた一つかもしれない。しかし、測定属性の選択において、目的適合性と信頼性のトレードオフの関係が、多様な測定属性の選択可能性を担保していたものとの指摘がある（堀江，2011, p. 195）。

IASB（国際会計基準審議会）が公正価値測定と開示に関する新基準書IFRS　第13号（2011年5月12日）では、ことわりとして、公正価値を測定するために使用される評価技法は、関連する観察可能なインプットを最大限活用し、観察不能なインプットの利用を最小限に抑えなければならない（IFRS 13.67）と記載されている。これは、公正価値会計における経営者の裁量行動の検証可能性がまだ十分に担保されていないことを示していると言えるのではないかと思われる。

小括

　公正価値測定において、観察不可能な価値の見積もりを排除しない途を開いた貸借対照表項目測定の更なる軟化は会計観の歴史的展開と明解な因果関係が存在する。貸借対照表項目のオンバランス化や公正価値測定を引き金にパラドックスを引き起こしたケースを検討する中で、妥当に見えるモラル・ハザードの予防策に関連する財務情報提供についての制度規制ばかりではなく、会計基準内でも、今後、改善していかなければならない問題が存在している事が再認識された。公正価値評価による貸借対照表項目測定の更なる軟化は、財務情報の利害調整及び情報提供の機能不全を起こすリスクが潜在する。

注記

1）経済同友会（2010）「市場を中心とする健全な経済社会への道――健全な市場の構築、社会の耐震化、市場の積極的活用に向けた7原則」p.10。クローバック条項（Clawback Provision）は、経営者や社員に支払った賞与等を、後に返還させることができることを定めた条項である。例えば、ファンドの運用成績に基づいてファンドマネジャーに成功報酬を支払った後、そのファンドに巨額な損失が生じた場合や、企業に著しい不利益を与える経営判断のミスが後に発覚した場合などが想定される。また、契約で定められた一定額以上の成績をあげた場合には、将来の損失に備えて超過報酬分を留保する形態もある。

第4章　グローバル企業のガバナンスとリスクマネジメント

　これまでに、第1章で、グローバル企業のリスク環境を概観し、グローバル企業の持続的成長への方向性として、持続的成長の源泉となる企業価値創造の必要性が高まる中で、ステークホルダーからの企業の社会的責任が増加していることを考察した。第2章で、財務情報の制度・規制によるリスクマネジメントを考察した後、第3章では、制度・規制の限界としてのパラドックスの事例を取り上げた。そこでは、グローバル企業は関連当局による制度・規制への対応と同時に、企業統治の観点から、ガバナンス問題へのリスクマネジメントが重要な課題となっている。

第1節　ガバナンス問題とリスクマネジメントの重要性

　グローバル企業は取り巻く多様なリスクの発生を助長する内外の環境要因の中で、経営者は今までに経験をしたことのないリスク負担行動を取らなければならない。リスクの発生の背景には、それを助長する様々な要因があり、それがリスクの大きさに影響を与え、最終的に損失（ロス）の発生や場合によってはチャンスの増大に結びつくのである（上田, 2007, p.202）。
　そこでは、グローバル・リスク環境に対応して熾烈な競争を勝ち抜き、企業の社会的責任を果たしながら、ステークホルダーのために企業の持続

的成長の源泉となる企業価値をどのようにして経営者に追求させるか（企業経営者への規律づけ）、つまり、コーポレート・ガバナンス（企業統治）の問題とリスク対応が重要となる。コーポレート・ガバナンスの中心課題は、何らかの目的を達成するために（コーポレート・ガバナンスの目的問題）、何らかの方法（コーポレート・ガバナンスの方法問題）を駆使して、ステークホルダーの誰か（コーポレート・ガバナンスの主権問題）が、企業を監視し、規律を与えることである（菊澤、2004, p.2）。本論文では、コーポレート・ガバナンスの定義は、「企業の持続的成長の源泉となる企業価値を創造するために、批判的なメカニズムを駆使して、企業をめぐる直接・間接に関係するステークホルダーが、企業の経営者を監視し規律を与えること」とする。

ここには、①企業のステークホルダー（プリンシパル）が、どのような経営者の適性条件を持つ代理人（エージェント）に企業経営を委任するか、②代理人である経営者を監視し規律を与えるために、どのような統治機構システムを構築すべきか、③地球的規模の企業組織の多文化統治はいかにおこなうべきかの課題がある。これらの課題に潜在するリスク発生要因を分析し、対応するリスクマネジメントを構築することが必要になってくる。

ステークホルダーのために企業の持続的成長の源泉となる企業価値を、どのようにして経営者に追及させるか（企業経営者への規律づけ）のガバナンス問題とリスク対応について、事例を通して検討する。ここでは、グローバル成長戦略とコーポレート・ガバナンスの違いにより、企業価値の向上に著しい差が出た事例として、日本板硝子とスズキ（自動車）を取り上げる。

第2節　ガバナンス問題の事例研究の概要

　日本板硝子の事例は、国内市場を中心に事業展開していた企業が、2倍以上の売上規模を有する海外グローバル企業の買収をテコに、2年間でグローバル化を一気に加速する成長戦略をとった事例である。日本板硝子の事例の概要は、図表4-1に要約される。

　日本板硝子は2006年6月、板ガラス生産で世界6位の日本板硝子（世界市場占有率4％）が180年の歴史を誇る世界3位の英国ピルキントン社（世界市場占有率10％）を買収、世界トップシェア（世界市場占有率14％）の旭ガラスに並んだ。買収前の2006年3月期と3年後の2009年3月期を比較してみると、日本板硝子の海外売上高比率は20％から72％、製造拠点は3ヵ国から29ヵ国、従業員数は12,700人から31,400人と急速に大規模化、国際化、多国籍化、グローバル化が進行した。

　これに対して、スズキ（自動車）の事例は、鈴木社長が社長就任時、売上3千億円の会社が30年かけて、GMとの業務提携やインドなどの海外に進出しながら、段階的に3兆円企業のグローバル企業に成長した事例である。スズキの事例の概要は、図表4-2に要約される。

　スズキの2009年3月期の事業状況をみると、製造拠点は23ヵ国、販売地域150ヵ国、従業員数は50,613人であり、海外売上高比率67.9％、海外従業員比率71.8％、海外資産比率39.4％を示して、国連の多国籍企業インデックスは59.6％と5割を超えている。

第3節　経営者の適性条件

　企業のステークホルダー（プリンシパル）が、どのような経営者の適性

図表4-1　日本板硝子の短期的成長戦略と急速な海外市場への展開

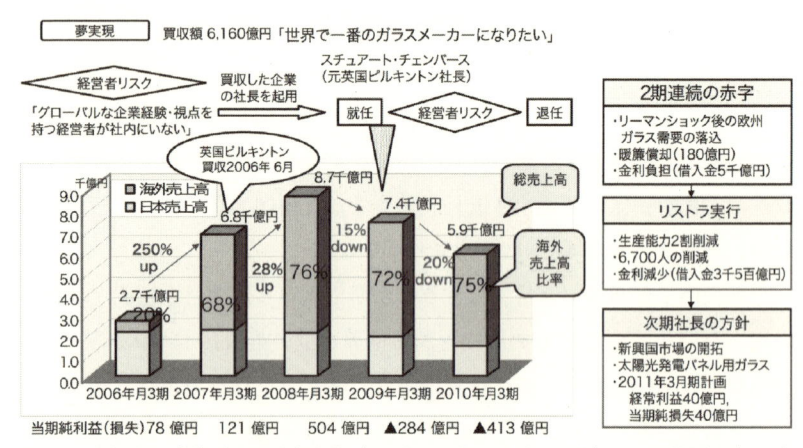

出所：日本板硝子（株）有価証券報告書（2006年3月期-2009年3月期）及び決算短信（2010年3月期）

図表4-2　スズキの長期的成長戦略と段階的な海外市場への展開

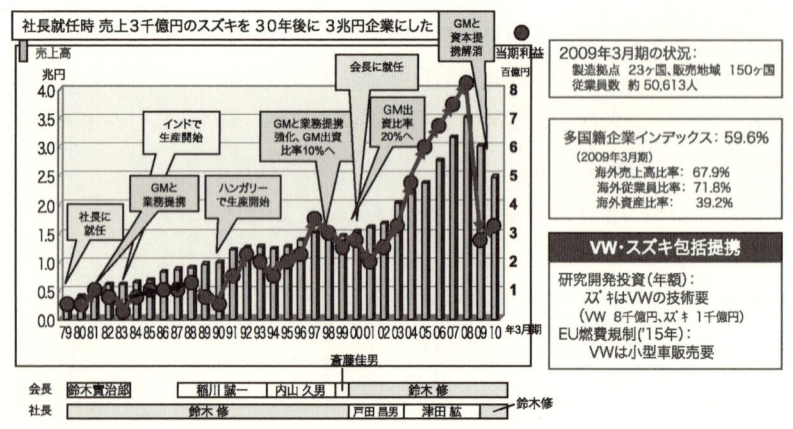

出所：スズキの会社概況2009や有価証券報告書等を参考に作成。

条件を持つ代理人（エージェント）にグローバル企業の経営を委任するか？

　スペンスは労働市場を例に、情報の非対称性を有し、かつ不完備な市場において、相手の質を選別する理論を「シグナリング理論」として論じた（Spence, 1973）。質の高いサービスを提供するエージェントは質の悪いサービスを提供するエージェントと自らを差別化できる（Picot, 1997, 丹沢訳, p.77）。
　たとえば、就職を希望する者（エージェント）は資格証明書や職務経歴書によって自分の職務能力の質をシグナリングとして会社側（プリンシパル）に示し、会社側（プリンシパル）は何らかの方法で就職希望者（エージェント）の以前の勤務時の上司や同僚から勤務情報をスクーリングすることにより、就職希望者の能力を確認する。
　事例を見てみると、日本板硝子は英国ピルキントン社を買収時、国内企業であったので、当然、グローバル企業経営のノウハウや人材を有していなかった。驚くことに、グローバルな企業経験や視点を持つ日本人経営者が社内にいないという理由から、買収したピルキントン社の外国人社長、スチュアート・チェンバースを、2007年10月には代表取締役・副社長執行役員兼COOとして、2008年6月には、取締役・代表執行役社長兼CEOとして、グローバル企業経営を委ねている[1]。また、日本板硝子はスチュアート・チェンバースが2009年6月に辞任後、指名委員会が日本を含む世界中から社長候補を探し、次の社長候補として、米国化学大手デュポン社の元上席副社長であったクレイグ・ネイラーを探すのに1年を要した。日本板硝子は、買収で短期間によりグローバル化を果たしたが、会社の舵を執るトップマネジメント人材の不在リスクに悩まされた。
　これに対して、スズキは、のちに社長になる鈴木修氏が元は銀行員だっ

たが、2代目社長の娘婿として1958年スズキに入社。1978年の社長就任以来30年にわたり黒字経営を仕切る。インド進出の立役者である。2000年には会長に就任したが、津田前社長の病気退任に伴い2008年末より社長を兼務、金融危機後の社内を引き締める。2009年には独VWと包括提携を発表した。長期的成長戦略と段階的な海外市場展開で成功を収めている。しかし、後継者として予定した娘婿の小野取締役が病気でなくなり、現在、鈴木社長は80歳、後継者問題については、鈴木社長のワンマン経営から経営幹部による合議制への移行を計画し、人材育成に努めている(鈴木, 2009, pp.241-242)。ここには、後継者リスクが存在する。

　グローバルな組織を束ねる国際経験や製造・開発・販売の専門知識を持つトップマネジメントを担う経営者を探すのは容易ではない。スイスの研究機関IMDの調査で、日本の経営者層の国際経験の深さランキングでは57国中、52位となっている[1]。

　では、どのような経営者の適性条件に基づき経営者候補を探すのか？

　ルノーのカルロス・ゴーンが1999年に日産の社長を引き受けるときに、グローバル企業の経営者の適性条件として上げたものは、「①多文化環境でのマネジメントの経験、②成果主義マネジメント志向、③直面する問題分析と説明能力、④問題解決に部門横断的アプローチがとれること、⑤自分の下した決断に進んで責任を持つこと、⑥長期的目標を視野に入れつつ短期的目標に照準を絞ること、⑦危機を脱した状況でも組織に緊張感を維持できること、⑧ユーモアのセンスがあること」である(亀井, 2004, p.245)。つまり、多文化環境での企業危機管理ができる経営者である。

　伊丹は望まれる経営者のタイプを3つ挙げる。すなわち、若くて、ネットワークを作り、複雑な大組織を経営できる人で、世界地図の上で自分でものを考えて、政策の決断ができる人である。さらに、経営者の基本的な

個人的資質として3つ挙げている。①大組織経験者で、若く斬新なアイデアとエネルギーのあるタイプ、②既存の企業組織の隙間を埋め、あるいは企業同士をつなぎ合わせて、新しい事業を興していくようなネットワーク企業家タイプ、③高度に多角化し、且つグローバル化した大組織の経営をできるタイプである。経営者の基本的な個人的な3つの資質は、①戦略眼（大きな方向を決める）、②世界観（世界地図の中でものを考える）、③組織観（人間の組織の動きに深い洞察をもつ）である（伊丹，2005，pp.377-379）。

亀井はリスクマネジメントの視点から経営者の適性条件について次のように述べている。ビジネス・リスクマネジメントにおいては、企業組織がリスクに直面した時に、いかなるリスク処理手段を選択するかの経営者の意思決定が最も重要であり、その優劣を分けるのが、意思決定のリーダーシップとリスク感性である。リスク感性とは、将来のリスク動向を把握する能力であり、豊富な実務経験に基づいた意思決定者のリスクに対する直感である。この意味で、リスク感性豊かなリーダーシップを持つ経営者が求められる（亀井，2009，p.73）。

上記の経営者の適性条件に関する意見を要約すると、それぞれ、①多文化環境での企業危機管理ができる経営者、②ネットワークを作り、複雑な大組織を経営できる人で、世界地図の上で自分でものを考えて、政策の決断ができる経営者、③リスク感性豊かなリーダーシップを持つ経営者である。共通項をまとめると、「グローバルな多文化リスク環境の中で、リスク感性豊かなリーダーシップを持ち、政策の決断ができる経営者」となる。

ここで、再度、事例に戻ってみる。日本板硝子のスチュアート・チェンバースが経営陣として参画し、2007年3月期決算の事業成績は、前年比売上高250％アップで6千8百億円、当期純利益は121億円、海外売上高比率は68％となる。さらに、2008年3月期決算の事業成績は、前年比売上高28％

アップで8千7百億円、当期純利益は504億円、海外売上高比率は76％となり、買収前の2008年3月期決算の事業成績と比較すると、売上高は3.2倍、当期純利益は6.5倍となった。ところが、2008年後半のリーマンショック後の欧州ガラス需要の落ち込みに加えて、買収による暖簾償却（180億円）や金利負担（借入金5千億円）により、2009年3月期決算には売上高は前年比15％落ち込み、7千4百億円となり、当期純損失284億円を計上して赤字に転落した。スチュアート・チェンバース社長はリストラを敢行し、従業員6,700人削減し、生産能力を2割落として対応、さらに借入金を5千億円から3千5百億円に圧縮して金利負担を減少させ、年間100億円以上のコスト削減をはかった。しかし、2009年6月には単身就任生活が2年間続き、16歳の長男が見知らぬ他人になると懸念表明し辞任を決意した。

　スチュアート・チェンバースの日本板硝子でのこの実績は、リーマンショック前の急速な統合リスク対応とリーマンショック後のリストラ・リスク対応により、プロのグローバル企業経営者の手腕を示したと言えよう。しかし、短期間で辞任した理由が個人的な家族問題であった。彼には、仕事以外の企業文化内での何らかのジレンマがあったのかもしれないが、代わりになる経営者が短期的には養成または確保できない意味で、日本板硝子にとっては経営者リスクが発生したと言える。

　これに対して、スズキの鈴木社長は、1981年GMと業務提携、1983年インドで生産開始、1990年ハンガリーで生産開始、1998年GMと業務提携強化、GM出資比率を10％へ引上げ、2000年に会長に就任、GMへの出資比率を20％へ引上げ、2006年GMの保有株式17％買い取り、出資比率3％へ、2008年GMの保有株式3％買い取り、資本提携解消、2009年独VWと包括提携、といった手腕を発揮してきた（鈴木，2009, pp. 274-278）。

　1998年にGMと業務提携し、GMがスズキの株式5.3％を取得した時は、

「スズキは、GMに飲み込まれてしまうのではないか」と記者会見で聞かれたが、「GMは鯨でスズキは蚊、いざという時に、飲み込まれずに空高く舞い上がり飛んでゆく」と答えている（鈴木，2009, pp.144-146）。スズキはGMとの提携を通じて、北米市場への進出と技術指導を得て、共同開発により「クルマづくり」を学んだ。2009年には、独VWと包括提携、独VWの研究開発費は年間8千億円で、ガソリンエンジンの燃費向上技術は世界トップレベル、さらに、燃料電池、ハイブリッド、電気自動車、プラグイン・ハイブリッド等の次世代技術は全方位で持っている。スズキの研究開発費は年間1千億円で、技術面で大手競業会社に比べて弱い。スズキはこの独VWとの提携で自動車業界の厳しい競争の中で生き残りを狙う。

　スズキの鈴木社長は、「グローバルな多文化リスク環境の中で、リスク感性豊かなリーダーシップを持ち、政策の決断ができる経営者」と言えるだろう。これは30年かけて海外に進出しながら段階的に3兆円企業のグローバル企業に成長させた実績が物語る。特に、GMとの業務提携や独VWとの包括提携の政策決断は、スズキ社長が「リスク感性豊かなリーダーシップ」を持つ経営者である事を示したものと言える。グローバル企業の経営者の適正条件として、「リスク感性豊かなリーダーシップ」は極めて重要である。

第4節　企業統治システムの構築

　代理人（エージェント）である経営者を監視し規律を与えるために、どのような統治機構システムを構築すべきか？
　藤田は過去の会社法学に影響を与えた経済学の文献について、バーリとミーンズ（Belle and Means, 1932）の「所有と経営の分離」、コース

(Coase, 1937) の「企業の本質」、ジェンセンとメックリング (Jensen and Meckling, 1976) の「エージェンシー理論」に関する米国の法律雑誌における引用の頻度のデータについて述べている。1970年代までは、引用頻度は圧倒的にバーリとミーンズが多かったが、1980年代にはコースおよびジェンセンとメックリングの引用回数が爆発的に増え、特に、ジェンセンとメックリングはバーリとミーンズを追い抜いた。その傾向は1990年代に入っても変わらない。この引用回数の変化はエージェンシー理論と密接に関係する契約的企業観が1970年代以降の会社法の「法と経済学」のパラダイムを決定的に規定したことによる（藤田，2005, pp. 45-48）。

　グローバル企業におけるコーポレート・ガバナンス（企業統治）問題には、株主と経営者、ステークホルダーと経営者、取締役会と執行役員会、親会社と海外子会社などの間において、法的または非法的な委任関係がある。そして、エージェンシー理論を用いて、委任関係を依頼人であるプリンシパルと代理人であるエージェントからなるエージェンシー関係として分析されることが多い。そこでは、プリンシパルとエージェントの利害は必ずしも一致せず、両者の情報も非対称的であると仮定される。このような状況では、エージェントはプリンシパルの不備に付け込んで悪徳的に自己利害を追求するリスクの可能性が発生する。このような不道徳で非効率な現象として、モラル・ハザード現象や逆選択現象が発生する（菊澤，2004, P. 163）。モラル・ハザードの防止策として、最も有効な方策はエージェント間の競争圧力である。すなわち、人為的なインセンティブを与えるシステムと行動を監視するモニタリング・システムの構築である（伊藤，2004, p. 134）。たとえば、プリンシパルである株主がエージェントである経営者をモニタリングするために取締役会や委員会設置会社の3委員会を設置するのに必要なコストはモニタリング・コストである。

　グローバル企業のコーポレート・ガバナンスの統治機構システムを構築

する場合は、制定法である会社法のように裁判所でその履行が強制される諸規範である制度・規制（ハードロー）だけではなく、裁判所でその履行が強制されない倫理や社会規範である企業内の取り組み（ソフトロー）を考慮する必要がある。

　所有と経営の分離や経営の監督機能と執行機能の分離の問題は、会社法の役割である制度・規制（ハードロー）の法的標準方式の機能を利用して運営することになる。しかし、同じ法的標準方式の機能を利用するにしても、ステークホルダーの要請や企業戦略・方針などの企業の状況により、許される法的枠内での自由裁量が経営者に与えられ、企業規範としての企業内の取り組み（ソフトロー）が企業内部に構築され運営される。執行機能の本社機能と海外子会社の委任関係については専門化と同時に、潜在する企業統治リスクも多様化し、その対応も複雑化してくる。そこには、企業独自の企業内の取り組み（ソフトロー）としての企業規範が必要になる。

　事例の会社の統治機構システムをみると、日本板硝子は制度・規制（ハードロー）の法的標準方式の機能を利用して、2008年6月に委員会設置会社に移行した。日本板硝子の2009年3月期の株主構成は金融機関41％、外国人31％、個人21％である。所有と経営の分離に加えて、会社の機関について機構改革を行い、取締役設置会社として委員会設置会社となり、取締役会12人のうち社外取締役4人を選任した。経営は監督機能と執行機能に分離して執行役員制度を導入した。執行役員会は、代表執行役社長兼CEOはスチュアート・チェンバース、そして、他の執行役員の4人の内3人は英国ピルキントン社の出身である。買収前の日本人の経営陣が取締役会を管理して監督機能を担当し、ピルキントン社出身の外国人が執行役会を管理して執行機能を担当するハイブリッド・システムになっている。

　これに対して、スズキは会社の機関の選択は日本板硝子と異なる。制度・規制（ハードロー）の選択は、取締役設置会社で委員会設置会社に移行せ

ず、監査役設置会社のままで、取締役会には社外取締役をおかない。しかし、機動的な会社運営・業務のスピードアップと責任体制の明確化を図るため、取締役の数を少なくするとともに、専務役員・常務役員制度を導入している。取締役会長（社長を兼任）以外の取締役全員が、業務執行の中心となる専務役員を兼務し、本部・その他機能別組織の本部長に就くことにより、現場の情報を取締役会に上げて現場に直結した意思決定ができるようにしている。

　日本のコーポレート・ガバナンスには制度・規制（ハードロー）としての会社法上、監査役設置会社と委員会設置会社の2制度が存在し、日本板硝子は委員会設置会社を選択し、スズキは監査役設置会社を選択し運用している。委員会設置会社とは、指名委員会、監査委員会及び報酬委員会を置く株式会社であり、取締役会の監督機能を強化する目的で、社外取締役が過半数をしめる3つの委員会及び業務執行機関である執行役を必ず置かなければならない（近藤, 2009, p. 271）。しかし、日本取締役協会の委員会設置会社リストを見ると、2010年7月28日現在における東京証券取引所の上場企業約2,300社のうち、62社が委員会設置会社で極めて少ない。ちなみに、委員会設置会社が法制化された2003年からの委員会設置会社の数の推移を見ると、2003年44社、2004年59社、2005年67社、2006年70社、2007年70社、2008年71社、2009年71社、2010年62社である。委員会設置会社は企業の不祥事が続く中、制度・規制（ハードロー）として、経営者への監視機能の強化を目的に導入されたが、委員会設置会社が増えない理由として、3つの委員会を置くとコストがかかること、監査役会設置会社でも社外取締役を置けば監視機能が高まること、会社法制定後は剰余金配当が監査役会設置会社でも要件を満たせば可能になったことが指摘されている[2]。

　スズキの監査役会には監査役5名のうち3名を社外監査役とし、監査機能の強化に努めている。なお、社外監査役のうち、1名を東京証券取引所

の定めに基づく独立役員として、同取引所に届け出ている。また、内部監査部門および関係会社を監査する部門を設置しており、会計監査人の監査と併せて、違法性、内部統制面、経営効率面の視点から三様の監査を行い、かつ、常に情報の交換を行うことで相互の連携を高めている。コンプライアンス（企業倫理）体制について取締役および従業員等が法令・社会規範・社内規則を遵守し公正かつ誠実に行動するための「スズキ企業倫理規程」を定め、その中で「行動基準」を明示すると共に、「企業倫理委員会」を設置し、企業倫理講習会を実施する等、コンプライアンスの徹底を図っていまる。また、2006年5月に、会社法に基づき内部統制システム構築の基本方針を決議しており、さらに内部統制システムの整備・構築に努めている。

　日本の監査役設置会社と委員会設置会社は制度上の差はあるが、スズキの例のように監査役会の監視機能を強化しているところは、両制度の運用上、実質的に差は生じていないとの検討報告がある[3]。しかし、監査役設置会社における監査役会の監視機能の強化の状況は会社の業容・業態、経営者の考え方や会社の方針により異なる現状があると思われる。監査役設置会社に比較して、制度上、委員会設置会社は戦略的意思決定・監査機能と業務執行機能を明確に分離することによって、専門化によるメリットが得られる仕組みになっている（菊澤，2004, p.139）。

　カルロス・ゴーンが経営者の適正条件の一つに「自分の下した決断に進んで責任を持つこと」をあげていたが、これは、取締役の経営判断についての経営者の責任として、株主代表訴訟のような制度・規制（ハードロー）上の責任を課される問題と共に、ステークホルダーの利益に合致するように持続的成長のために企業価値の創造のコミットメント（約束）を果たすことも含まれる。

　スズキは、取締役会の意思決定をたて割りの弊害なく全社に素早く推進

させるために、部門横断的な課題の抽出・対応の促進を行う部門を設置している。なお、従来より、取締役の経営責任を明確にし、かつ経営環境の変化に柔軟に対応できるよう、取締役の任期を1年としている。このためスズキは「5分で取締役会で重要な決議事項を決断できる」として、トップダウン方式により監督機能と執行機能の両機能を取締役会で行っている(鈴木, 2009, pp.157-158)。

スズキの場合は取締役設置会社で、委員会設置会社に移行せず、監査役設置会社のままで、取締役会には社外取締役をおかないケースである。しかし、企業が制定法である制度・規制(ハードロー)内での選択、そして独自の企業内の取り組み(ソフトロー)の構築と運用における企業統治リスクのマネジメントに求められる方向性として、①経営の透明性の向上、②効率性の向上、③国際標準化を踏まえること、④社会性の配慮が必要であること(上田, 2002, p.24)を考えると、監査役設置会社においては、経営の透明性の向上の点について、問題が残る。監査役設置会社と委員会設置会社は制度上の差はあるが、スズキの例のように監査役会の監視機能を強化している会社は、経営の透明性の不十分性を補っていると考えられる。

ステークホルダーへの経営者の責任を明確にして、経営者への監視機能を高めるためには、今後、統治機構システムとしては、トップダウン方式と、戦略的意思決定・監査機能と業務執行機能を明確に分離することによって、専門化によるメリットが得られる上に、経営の透明性において、監査役設置会社に勝る委員会設置会社が重要となるであろう。

第5節　企業の多文化統治

地球的規模の企業組織の多文化統治をいかに行うべきか？

世界の国々の文化は、ある一つの文化に集約することなく多様性を保ちながら、相互に影響しあいながら変化し続けるので、グローバル企業の経営者は、各国の異文化に配慮しながら、経営文化の多様性の影響に対応して多文化リスクの発生を最小化する必要がある。上田は企業価値の最適化を図るためには、効果的なリスクマネジメントに関する意思決定を可能にする最適なリスク文化や企業文化が企業内に存在しなければらないとしている（上田，2006, p.93）。

　伊丹はグローバル企業の組織の中での文化摩擦は、2つの次元で発生すると指摘する（伊丹，2004, pp.202-207）。1つは、経営スタイルの摩擦、もう1つは、支配と所属の感覚から生まれる摩擦である。経営スタイルの摩擦は、協働のために集まる異なった国の人々の間での理解とコミュニケーションが、自分たちが常識と考える行動様式や伝達・判断の様式がそれぞれに違うためにスムーズにいかなくなる、という摩擦である。支配と所属の感覚から生まれる摩擦とは、企業の世界的な統合に参加する人々が、どの共同体に属し、誰に「支配されている」という感覚をもつのか、という問題である。伊丹は、企業内文化摩擦の解決の鍵は、企業の世界組織が1つの共同体であるという意識を、情報の共有により、各国に散らばったそのメンバーがもつことが必要であるとしている（伊丹，2004, pp.212-220）。

　グローバル企業のリスク発生の背景要因の重要なものとして、多くの異なる国の言語・習慣・民族性・歴史からなる多様な経営文化環境がある。多国籍企業における各国の文化と経営組織の関係について、国際比較調査研究としては、ホーフステッドの「経営文化の国際比較（Culture's Consequences）」がある（Hofstede, 1984）。ホーフステッドの調査研究はIBM社の世界40ヵ国の11万人の従業員を対象にしたものである。経営文化の国際比較を行うために、組織に関連する4つ経営文化価値の測定次元

(権力格差、不確実性の回避、個人主義、男性化）と40ヵ国の7つの地理学的・経済学的諸指標（富＝国民1人あたりのGNP、経済成長率＝国民1人あたりGNPの10年間の平均成長率、首都の緯度、人口規模、人口成長率、人口密度、経営規模）との関係を解明した（Hofstede, 1984, 萬成訳, p. 64)。ホーフステッドは、40ヵ国の国民文化の差異を経営組織との関係についての調査研究を通じて、「組織は文化に拘束されていること」を認知した。多文化組織の管理として、組織そのものの中心文化をつくること、文化の違いを適切に処理できるように国際本部の組織を編成し、人材を配置し、報酬を与えることをあげている。また、異文化間の協力を生産的にする訓練の必要性を述べている（Hofstede, 1984, 萬成訳, pp. 368-376)。

文化的差異が経営に与える影響に関する調査研究としては、トロンペナールス他の「異文化の波（Riding the waves of culture)」がある（Trompenaars and Hampden-Turner, 1997)。文化測定の3つの視点、すなわち、人間関係から発生する問題、時間経過から発生する問題、環境に関係する問題から文化的差異を検討した。そして文化の基礎的な価値判断の7つの次元を確認した。そのうちの5つは、人間関係から発生する問題に属するものである。7つの文化の価値判断の次元は、（人間関係）①「普遍主義」対「個別主義」、②「個人主義」対「共同体主義」、③「感情中立的」対「感情表出的」、④「関与特定的」対「関与拡散的」、⑤「達成型地位」対「属性型地位」、（時間経過）⑥「時間に対する態度」、（環境）⑦「環境に対する態度」である（Trompenaars and Hampden-Turner, 1997, 須貝訳, pp. 1-19)。この7つの文化の価値判断の次元は文化的差異を示すばかりではなく、経営上の優先事項となる見解や価値観を分析し、ジレンマ（人が良好で望ましい2つの選択肢の中からいずれかを選択しなければならない状況）となる事柄の解決方法を提供するとしている。すなわち、「文

化的差異を認知し、尊重し、折り合いをつけるための実践的な異文化間のビジネス戦略」を提案している（Trompenaars and Woolliams, 2003, 古屋訳 pp. 24-25）。

多文化統治システムにより企業統治リスクを低減する方策として、日産CEOのカルロス・ゴーンがミシュラン・ブラジル時代に異なる文化の融合問題について、「クロス・ファンクショナリティ」というコンセプトの組織化を図った例がある。具体的には、文化を持つ国からクロス・カルチュラル（異文化間協働的）な人材構成によるクロス・カンパニー・チーム（CCT）と各職能からのクロス・ファンクショナル（異部門間協業的）な人材構成によるクロス・ファンクショナル・チーム（CFT）が組織され、複数の視点から自社の直面している問題について検討・分析をおこなった。この結果、問題解決案が発案・遂行され、経営改善と繋がっていったとしている（亀井，2004, p. 238）。

上記の多文化統治についての意見をまとめて要約する。グローバル企業の組織の中での文化摩擦リスクを低減するために、まず、文化的差異を認知し、尊重し、折り合いをつける必要がある。そして、企業の世界組織が1つの共同体であるという意識を、情報の共有により、各国に散らばったそのメンバーがもつことによって、最適なリスク文化や企業文化を企業内に形成することができる。具体的には、多文化リスク対応の方策として、異文化間・異部門間協業システムを構築し実践することは有効である。

日本板硝子は，2009年3月31日現在、海外で働く従業員の割合は80％で、従業員の地域別構成は、欧州45％、日本18％、北米13％、中国8％、南米8％、その他アジア4％、フィリピン4％である。

2006年6月にピルキントン社を買収したことで事業が著しく海外に展開し、社会的責任の範囲が広がった。このため、経営理念をグローバルな視点で見直し2006年7月に新しい経営理念として「事業は人なり」を掲げ、

全世界のグループ従業員に共通メッセージとして配信した。具体的には、信用と相互尊重，誠実な行動とプロ意識、協力一致と相互支援、オープンなコミュニケーション、進取の精神と創意工夫、情熱と不屈の精神、自己責任と社会的貢献の理念を仕事の基本として実践することをあげている。この理念は、企業の世界組織が人を中心とした1つの共同体であるという意識を各国に散らばったそのメンバーがもつことによって、新たな企業文化が企業内に形成することを目的としたものである。事業は人なりの経営理念が企業の世界組織内に育ってきているかを見るために、仕事・職場に対する満足度を従業員に評価してもらう「従業員意識調査」を2年に1回実施している。英国ピルキントン社を子会社化して以来初めてとなる世界規模での調査である。調査結果は概ね良好で、モチベーションや満足度について約70％の従業員から「良い」又は「改善した」回答を得ている。

　また，各従業員の職務遂行基準を全世界的に高めることを目的とした人材教育，研修プログラムを実施。グループの共通言語は英語だが、できるだけ多くの従業員に参加してもらい最大の成果を上げるために、研修プログラムは各地域の言語でも提供している。言語差異のような文化摩擦リスクを低減するために、文化的差異としての言語の違いを認知し、尊重し、グループの共通言語にとらわれず、折り合いをつけることは必要である。

　これに対して、スズキの2009年3月期の地域別売上比率は、日本39％、欧州18％、アジア31％、北米5％、その他7％で、主な販売先は、アジア地域では、インド、インドネシア、中国、欧州地域では、ハンガリー、英国、ドイツである。スズキはインドで40％、パキスタンで46％の販売シェアを持つ。スズキの海外事業はインドやハンガリーに大きな比重を占めているので、欧州に半分近い比重を占める日本板硝子とは、多文化環境の状況はだいぶ異なるかもしれない。スズキはインドに1982年に進出して、2009年には、生産台数は100万台を超えた。

当初インドの工場内でのカースト制度における差別問題があった。具体的には、ほかのカーストの社員と食堂は一緒にするな、とか、掃除は下層のカーストのやることだ、とか、他のカーストと同じ作業服は着ない、ターバンを着用するからヘルメットをかぶらない、休日や労働時間に差をつけろ、などと幹部は主張していた。これに対して、鈴木社長は、工場を出てカースト差別をするのは勝手だが、生産現場では、生産性が落ちるから、カースト差別は絶対に許さないとの方針を通した（松戸，2010, pp. 91-96）。経営管理上の生産性の観点から、組織運営の原則のなかには利益を生み出す方法とロスを生み出す方法があるが、カースト制度における差別問題は、インド社会に固有の問題であり、インド社会の中にあっては一企業だけでは変革できない問題である。しかし、これはロスを生みだすので解決の必要な問題であった。工場内はインド社会ではないので、スズキの企業文化が支配できる次元を創造することにより、異文化リスクに対応することができたのである。さらに、インド人の日本での無償研修制度や技術移転のための日本人の現場管理者をインドに派遣することを通じて、異文化交流を行った。

　グローバル企業の組織の中での文化摩擦リスクを低減することは重要である。日本板硝子では、経営理念として「事業は人なり」を掲げ、全世界のグループ従業員に共通メッセージとして配信した。スズキは、異文化社会においても企業価値を向上させることができる企業文化の移植に努めながら、社員の異文化交流を研修やOJTで行った。両社とも、企業の世界組織が1つの共同体であるという意識を、情報の共有により、各国に散らばったそのメンバーがもつことによって、最適なリスク文化や企業文化を企業内に形成することに努めた。多文化リスク対応の方向として、異文化間・異部門間協業システムを構築し実践することは重要である。

第6節　ガバナンス問題のリスクマネジメントのフレームワーク

　これまでの考察に基づいて、図表4-3に、グローバル企業のコーポレート・ガバナンスに関するリスクマネジメントの方向性として、フレームワークを示す。グローバル企業への発展段階は、大規模化、国際化、多国籍化、グローバル化と進化し、市場は、国内市場、外国市場、多国市場、世界市場へと進出し、事業展開は、国内販売、輸出・輸入、対外直接投資、多国籍展開、地球的規模展開と発展してゆく。一方，ステークホルダーも、国内市場での顧客、株主、債権者、従業員、地域社会、政府から国際社会へと広がり、多数で多様な利害を持つ関係者と関わるようになる。そこでは、企業の社会的責任として、経済的責任、法的責任、倫理的責任、社会貢献責任が問われる。また、事業活動の発展展開に応じて、企業価値も株主価値ばかりでなく、経済価値や社会価値が求められてくる。
　企業が世界市場で地球的規模で展開し、企業の社会的責任を果たしながら、持続的成長の源泉となる企業価値を創造してゆくなかで多様なビジネス・リスクに直面する。ビジネス・リスクの主なものには、戦略リスク、オペレーショナルリスク、金融リスク、災害リスクがある（上田，2009 a, p. 14)。
　ビジネス・リスク環境の中で、ステークホルダーのために企業の持続的成長の源泉となる企業価値をどのようにして経営者に追及させるか（企業経営者への規律づけ）の問題、つまり、経営者へのコーポレート・ガバナンス（企業統治）の要請とリスク対応が必要になる。具体的には、経営者の適正条件、企業統治システム構築、企業の多文化統治の問題である。これらの問題は、企業統治リスクの発生要因であり、対応が不十分だと経営者リスク、統治機構リスク、多文化統治リスクが発生する。

図表4-3　グローバル企業のガバナンスとリスクマネジメントの方向性

企業の発展段階	大規模化	国際化	多国籍化	グローバル化
市場	国内市場	外国市場	多国市場	世界市場
事業展開	国内販売	輸出・輸入	対外直接投資	多国展開	地球的規模展開
利害関係者	顧客・株主・債権者・従業員・地域社会・政府・国際社会 → 増加
企業の社会的責任	増加	社会貢献責任 / 倫理的責任 / 法的責任 / 経済的責任
企業価値	増加	社会価値 / 経済価値 / 株主価値
ビジネス・リスク	増加	戦略リスク / オペレーショナルリスク / 金融リスク / 災害リスク

経営者へ企業統治責任の要請	⇒	企業統治リスクの発生	⇒	企業統治リスクマネジメント
経営者の適正条件	→	経営者リスク	→	リスク感性の豊かなリーダーシップ
企業統治システム構築	→	統治機構リスク	→	トップダウン方式と委員会設置会社
企業の多文化統治	→	多文化統治リスク	→	異文化間・異部門間協働システム

　従って、企業統治リスクを予防・低減する企業統治リスクマネジメントが必要になる。企業統治リスクマネジメントとしての方向性は、①経営者リスク対応には、経営者の適正条件として、リスク感性の豊かなリーダーシップを持つ経営者が経営の任にあたること、②統治機構リスク対応には、当該企業に適した企業統治システム構築と運用のために、トップダウン方式や委員会設置会社の選択と構築、③多文化統治リスク対応には、企業組織の多文化統治を可能にする異文化間協働・異部門間協働システムの構築・運用が考えられる。

小括

　グローバル企業は、制度・規制に対する法的対応と同時に、自らの経営

体としての仕組み作りの面からも、特に、証明業務（監査）によって担保された財務情報の開示のためにも、企業グループ内でのガバナンス問題へのリスクマネジメントが重要な課題となっている。そこには、グローバル企業のガバナンスに対するリスクマネジメントのフレームワークが必要になる。グローバル化（企業の発展段階）、世界市場（市場）、及び地球規模展開（事業展開）の中で、利害関係者、企業の社会的責任、企業価値、及びビジネス・リスクが増加していく。グローバル企業の経営者のガバナンス、すなわち、企業統治責任の要請は、企業統治リスクの増加する中で、ますます大きなものとなり、企業の状況に応じたガバナンスの構築と運用が将来の事業の成否に大きく影響してきている。

注記

1）日本板硝子、プレスリリース、2008年4月23日。
2）日本経済新聞2010年3月6日、この時点で委員会設置会社は非上場会社も含め112社である。
3）日本監査役協会、ケース・スタディ委員会は、『監査役設置会社と委員会設置会社の比較検討』の報告書（2010年10月14日）では、監査役設置会社と委員会設置会社について、制度上の差はあるが、運用上は、差は生じてないとしている。

第5章　財務情報と内部統制の概念フレームワーク

　本章では、グローバル企業の財務情報に係る内部統制のモニタリング・システムの理論的及び実践的基盤として、日本の内部統制報告制度の妥当性について考察する。それは、この制度が内部統制報告基準の目的を実行可能にし、かつ、信頼性を保証するにたる理論的及び実践的基盤を持つか、が検討される必要がある。

　内部統制の概念フレームワークの理論的発展の流れの中で、その発展の流れからすれば、当然のごとく、日本の内部統制報告制度が米国のトレッドウェイ委員会支援組織委員会（Committee of Sponsoring Organization of the Treadway Commission；COSO）が2004年に公表した、その最新の発展型の「全社的リスクマネジメント　フレームワーク編（Enterprise Risk Management-Integrated Framework）」（本章では「COSO ERM（2004）」という）を参考にして日本基準を構築して公表すると思われたが、あえて、それよりも12年前の1992年に作成した報告書、「内部統制の統合的枠組み（Internal Control-Integrated Framework）」（本章では「COSO（1992）」という）[2]を原則として受け入れつつ、固有の概念フレームワークを設定した。この事実に、ある種の驚きを覚え、日本基準の概念フレームワークの妥当性を考察する必要があると思い、主要な論点の一つとした。

第1節　財務報告目的とリスクの目的・範囲の変遷

　内部統制やリスクマネジメントに関する制度・規制やそれに準じた指導基準において、財務報告目的とリスクの目的範囲の変遷を要約すると、図表5-1のようになる。

　リスクの目的・範囲については、日本の内部統制報告制度（2008）、会社法（2006）、及びCOSO（1992）において、リスクのみを評価・対応管理している。COSO ERM（2004）とISO 31000（2009）は、リスクとチャンス（事業機会）の両方を評価・対応管理へと拡張している。

　財務報告目的について、日本の内部統制報告制度（2008）は、4つの目的を取り上げたが、実際の金融証券取引法の制度では、財務報告の信頼性のみを義務づけた。会社法では4つの目的を含み、COSO（1992）の目的は内部統制に限定、COSO ERM（2004）は戦略を含む4つのRM目的を設定している。ISO 31000（2009）はすべての組織のさまざまな目的への適用を意図している。

　例えば、円高（為替）リスク対応における内部統制の目的と事業戦略の目的について、グローバル企業A社が検討したリスク、対応方針、そして具体的対応の事例は、図表5-2に示される。

　内部統制の目的は、金融商品取引法の内部統制報告制度への対応であり、財務報告の信頼性を確保することである。リスクの特定は、会計基準に基づいて適正に為替処理や報告がなされない可能性である。対応方針としては、内部統制システムを通じて為替リスクを低減することである。具体的対応は、全社統制、業務処理統制、IT全般統制、決算処理統制のプロセスの構築・運用において実施される。管理システムは、定型システムの構築が可能で、定期的な見直しが必要となる。基本的には、会計基準への準

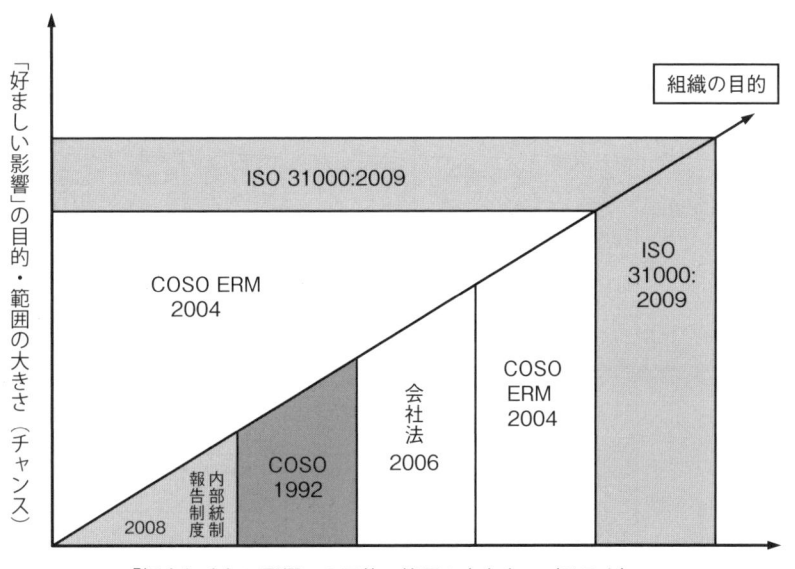

図表5-1 財務報告目的とリスクの目的・範囲の変遷

（縦軸）「好ましい影響」の目的・範囲の大きさ（チャンス）
（横軸）「好ましくない影響」の目的・範囲の大きさ（リスク）

- ISO 31000:2009
- COSO ERM 2004
- 報告制度 2008
- 内部統制
- COSO 1992
- 会社法 2006
- COSO ERM 2004
- ISO 31000:2009
- 組織の目的

拠性が主要な課題であり、経営者の評価は、外部の監査人により監査される。

　これに対して、事業戦略の目的は、企業の内外環境の変化に対応して、生き残りと企業価値創造の戦略策定と実施であり、それは、戦略策定部隊と実施部隊の非定形的作業の連続である。経営陣による戦略の意思決定は事業成果により経営者責任が問われる。リスク特定は、円高により事業収益に大きな影響が発生する可能性である。対応方針は、戦略課題として、円高リスクに対する抵抗力の構築と運用である。具体的対応策は、円高コストの削減、国産コストの回避、円建売上の増加、円建コストの価格転嫁等である。

　内部統制目的と事業戦略目的は、それぞれ、リスク特定、対応方針、具

図表5-2　内部統制目的と事業戦略目的

目的	リスク	対応方針	具体的対応策	
財務報告信頼性	会計基準に基づいて適正な為替処理や報告がなされない	内部統制システムを通じて為替会計リスクを低減	全社統制	取締役会で為替ヘッジを含む会計方針や手続きを決定し文書化し社内に周知
			業務処理統制	為替ヘッジや為替会計の手続きに関し、担当者は承認権限マトリックスに基づき実行
			IT全般統制	為替ヘッジや為替会計を処理するITシステムの開発・変更・運用・保守・セキュリティ管理の強化
			決算処理統制	為替会計基準に基づく記録処理や開示
事業戦略	円高により事業収益に大きな影響が発生する	事業課題として、円高リスクに対する抵抗力の構築・実施	円高コストの削減	生産コストの削減、固定費管理部門経費、開発費、日本発の経費等の削減
			国産コストの回避	輸入部品、オフショア・アウトソース
			円建売上の増加	国内の販売強化
			円建コストの価格転嫁	プライシングの可能性追求

体的対応策が異なるので、同一の管理システムの中で実行することは、実際、難しいと思われる。

第2節　報告対象としての内部統制の概念フレームワーク

　内部統制の評価及び監査の概念的枠組み（フレームワーク）の監査理論が発展したのは、米国を中心に1980年代以降に金融機関の経営破綻が多発し、その経営破綻の原因となった経営者不正の問題とそれに対処するためのコーポレート・ガバナンスの強化への関心の高まりに基因する。そのよ

うな背景を受けて、財務諸表監査もガバナンス強化の手段として位置づけられ、企業が経営破綻を来さないシステムの構築、すなわち、企業の健全な経営を維持するために内部統制の有効性の確保が重要な課題とされたのである。

しかし、内部統制は経営者が策定し維持するものであるから、経営者によって内部統制が無視される可能性、すなわち、内部統制の限界の問題が存在する。そのような限界をもつ内部統制が、なぜ、経営者不正を防ぐというコーポレート・ガバナンス上の目的に貢献することができるのか。その疑問に対する解答の1つが、報告対象としての内部統制の概念フレームワークである。

この問題については、内部統制の概念フレームワークの世界標準となっているCOSOフレームワークを概観し、その解答を探る必要がある。その解答は、COSOフレームワークが、内部統制の限界の問題を認識しつつも、外部報告というガバナンスの改善手法によって、その種の内部統制の弱点の補強を図り、有効な内部統制を企業内に構築して、経営者不正に対処することと考えられる。

その上で、内部統制フレームワークの構築・運用の最近のガイダンスとして、COSOが2006年に中小企業向けに公表した「簡易版COSO内部統制ガイダンス（Internal Control over Financial Reporting-Guidance for Smaller Public Companies）」[3]のなかで示した「内部報告に係る内部統制の誘導ガイダンス」を検討し、加えて、現代企業の内部統制におけるIT対応の重要性に鑑み、ITガバナンス協会（IT Governance Institute：ITGI）が2006年に米国の企業改革法（SOX）のIT統制対応フレームワークとして公表した「COBIT for SOX第2版（IT Control Objectives For Sarbanes-Oxley, 2nd Edition）」について考察する必要がある。

さらに、1992年に公表されたCOSOフレームワークが、企業の戦略的リスクマネジメントへと発展した概念フレームワークとして、2004年に公表したCOSO ERMフレームワークを考察する。従来のCOSOフレームワークは財務報告中心の考え方が強く、経営者や企業自身にとっては経営実務に活かしにくい面があった。COSO ERMフレームワークでは、経営者不正を防ぐというコーポレート・ガバナンス上の目的に加えて、リスクマネジメント上の目標を求め、事業活動にともなう不確実性とそれに付随するリスクや事業機会への対応力を強化することにより、経営者に事業目的の達成に関する合理的な保証を与えることを考えている。

　まず、次節以降、このような内部統制の概念フレームワークの理論的発展の流れを概観し、日本の内部統制の概念フレームワークが拠り所としている理論的枠組みを検討し、日本基準の概念フレームワークの妥当性を考察する。

第3節　COSO（1992）報告書の内部統制の概念フレームワーク

　内部統制の概念フレームワークとしては、1992年に公表されたCOSOフレームワークによる定義が事実上の世界標準（デファクト・スタンダード）となっている。

　COSOフレームワークは、企業が内部統制を構築して運営し、監査人がそれを評価して改善勧告するという体制整備の枠組を理論的に明示したものであり、企業経営及び組織運営の基本形として世界中に伝播普及し、今日では、COSO報告書が明示した基本的概念及び用語等の定義並びにその枠組みの理解等が内部統制を論ずる際の前提条件となっている（川村, 2007, p.13）。

　それまで必ずしも明確でなかった内部統制の全体的定義をコーポレート

ガバナンスやリスク評価と関連づけながら、有用な実務指針として位置づけたことが特徴である。以下その特徴などを、COSOフレームワークは内部統制を次のように定義している。

内部統制は、①業務の有効性・効率性、②財務諸表の信頼性、③関連法規の遵守に分類される3つの目的を達成するために、合理的な保障を提供することを意図した、取締役会、経営者およびそのほかの職員によって遂行される1つのプロセスである。

その上で、内部統制の構成要素として、①統制環境（経営者の経営理念や基本的経営方針、取締役会や監査役の有する機能、社風や慣行など）、②リスクの評価（企業目的に影響を与えるすべての経営リスクを認識し、その性質を分類し、発生の頻度や影響を評価すること）、③統制活動（権限や職責の付与および職務の分掌）、④情報と伝達（必要な情報が関連する組織や責任者に、適宣、適切に伝えられることを確保すること）、⑤監視活動（これらの機能と状況が常時監視され、評価され、是正されることを可能とすること）の5つを挙げている。

事業体が達成しようとして努力する3つの目標の範疇と目標の達成のために必要な構成要素の間には直接的関係があり、総ての構成要素はそれぞれの目標の範疇と関連をもっている。業務に対する内部統制が有効との結論を下すためには、5つの構成が総て存在し且つ有効に機能していなければならないとしている。

COSOは人々によって遂行される合理的保証を提供するプロセスであるという基本概念を基礎とする。内部統制の定義、目標の分類、構成要素、有効性の評価の基準、関連する議論とともに、この内部統制の枠組を形成している。そして、取締役会及び経営者が、①事業体の業務目標がどこまで達成されているかを理解しており、②公表された財務諸表は信頼できるものとして作成し、③適用される法律及び規則を厳守しているという合理

的保証を得ているならば、内部統制システムは、3つの目的の範疇のそれぞれにおいて有効であると判断することができるとしている。

　COSOフレームワークの特徴として、(1) 従来の経営者の視点に加えて、株主の視点を取り込んだ内部統制を展開していること、(2) 内部統制を取締役会を含むすべての経営・管理活動に従事する人々が遂行するプロセスとして理解していること、(3) 内部統制には固有の限界があることを「合理的な保証」という概念で示していること、(4) COSOが識別した3つの統制目的にあること、(5) 内部統制はマネジメント・プロセスの一部であり、それと統合されたものと説明されていること、(6) 識別した内部統制の5つの構成要素が内部統制の有効性を評価する際の基準として説明されていること、(7) COSOの内部統制は、ITによって支援されたビジネス・プロセスを前提としていること、(8) 事業報告の対象としての内部統制を取り上げていること、の8つが挙げられる（鳥羽, 2007, pp. 62-71）。

　COSOフレームワークは、基本的には株主の立場から経営者を含めた組織構成員に内部統制を徹底させるという視点から書かれたリファレンスモデルだが、事業報告の対象としての内部統制を取り上げることにより、内部統制の限界の問題を認識しつつも、外部報告というガバナンスの改善手法によって、その種の内部統制の弱点の補強を図り、有効な内部統制を企業内に構築して、経営者不正に対処したことが重要な特徴と考えられる。

　さらに、COSOフレームワークの識別した内部統制の5つの構成要素が、内部統制の有効性を評価する際の基準の誘導ガイダンスとなり、これをベースに各国・各分野の企業が対象や範囲をカスタマイズすることが容易になり、内部統制の事実上のグローバルスタンダードとして普及する大きな要因になったと考えられる。

　これを受けて、1995年に米国公認会計士協会がCOSOフレームワークに基づく監査基準SAS 78号を公表した。SAC（内部監査人）、COBIT（情

報システム監査人）などにおける内部統制に関する基準も、COSOフレームワークの考え方を取り入れている。また2002年に制定された米国の企業改革法（サーベンス・オクスリー法）が求める内部統制に関して、具体的な実施に際してはCOSOフレームワークに基づいて行うようSEC（米国証券取引委員会）が定めている。カナダでは「CoCo-統制モデル」（1995年）が、オーストラリアでは「ACC-オーストラリア統制基準」（1998年）が、英国では「ターンバル・レポート」（1999年）が公表されている。バーゼル銀行監督委員会の「銀行組織における内部管理体制のフレームワーク」（1998年）もCOSOモデルをベースにしたものである。

第4節　COSO（2006）内部統制の誘導ガイダンス

2006年に、米国のCOSOが、「簡易版COSO内部統制ガイダンス（Internal Control over Financial Reporting-Guidance for Smaller Public Companies）を公表した。

このガイダンスは、COSOフレームワークの枠組みを用いて、財務報告に係る費用効果的な内部統制を整備し、運用しようという中小規模公開企業のために策定されたが、大規模公開企業が利用しても、経営者の内部統制の有効性評価をより効率的に行う上で役立つものである。

具体的には、COSOの枠組みにおける5つの構成要素（①リスク評価、②統制環境、③統制活動、④情報と伝達、⑤モニタリング）と関連づけられ、財務報告における重要な虚偽表示を予防または発見し、是正するために、互いに機能し合い、かつ、それから直接導き出された基本概念を表す20の基本原則を提示している。

ここで、20の基本原則とは、②統制環境《1.誠実性と倫理感、2.取締役会、3.経営者の考え方と行動様式、4.組織構造、5.財務報告に関する能力、

6. 権限と責任、7. 人的資源》、①リスク評価《8. 財務報告の目的、9. 財務報告に関するリスク、10. 不正リスク》、③統制活動《11. リスク評価との統合、12. 統制活動の選択と整備、13. 方針および手続、14. IT》、④情報と伝達《15. 財務報告に関する情報、16. 内部統制に関する情報、17. 内部における情報伝達、18. 外部への情報伝達》、モニタリング《19. 日常的および独立的評価、20. 不備の報告》である。

これらを受けて内部統制を実施する手順として、下記のように記述されている。

(1) 自社の事業活動及び事業環境に関連ある財務報告目的を経営者が設定することから、内部統制のプロセスは始まる。

(2) 財務報告の目的を設定した後、これらの目的に対するさまざまなリスクを経営者は識別・評価する。

(3) どのリスクが財務報告に重大な虚偽表示をもたらすかを区別し、さらに、こうしたリスクをどのように統制手続を通じて管理するかを判断する。

(4) 次に、経営者は、財務報告や内部統制システムの他の構成要素にとって必要な情報を収集、加工および伝達する方法を考える。

(5) これらはすべて自社の統制環境と関連づけて行うものであり、統制環境は、自社における適切な気風および関連する属性をもたらすために形作られ、また、必要に応じて改善されるものである。

(6) 各種の統制手続が今後とも適切に機能し続けることを確保するために、構成要素はすべてモニタリングをうける。

COSOの枠組みの構成要素が業務プロセスとして互いに機能し合う様子の概要は、図表5-3の「内部報告に係る内部統制の誘導」に示すことができる。

COSOフレームワークが企業関係者に急速に受け入れられ、今日の企

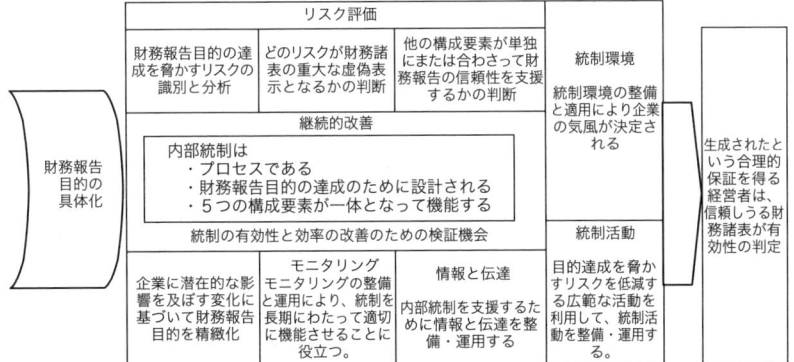

図表 5-3　内部報告に係る内部統制の誘導

リスク評価			統制環境
財務報告目的の達成を脅かすリスクの識別と分析	どのリスクが財務諸表の重大な虚偽表示となるかの判断	他の構成要素が単独にまたは合わさって財務報告の信頼性を支援するかの判断	統制環境の整備と適用により企業の気風が決定される
継続的改善			
内部統制は ・プロセスである ・財務報告目的の達成のために設計される ・5つの構成要素が一体となって機能する			
統制の有効性と効率の改善のための検証機会			統制活動
企業に潜在的な影響を及ぼす変化に基づいて財務報告目的を精緻化	モニタリング モニタリングの整備と運用により、統制を長期にわたって適切に機能させることに役立つ。	情報と伝達 内部統制を支援するために情報と伝達を整備・運用する	目的達成を脅かすリスクを低減する広範な活動を利用して、統制活動を整備・運用する。

財務報告目的の具体化　　　　　　　　　　　　　　　　　　　　　　　生成されたという合理的保証を得る経営者は、信頼しうる財務諸表が有効性の判定

資料：Committee of Sponsoring Organization of the Treadway Commission, *Internal Control over Financial Reporting-Guidance for Smaller Public Companies*, AICPA 2006, 日本内部監査協会・八田進二監訳　橋本尚、町田祥弘、久持英司共訳「簡易版COSO内部統制ガイダンス」同文舘出版 2007年 p.178 の図表を参考に作成。

業経営に大きな影響を与えることとなったのは、経営、日常の事業活動、そして業務、それぞれのあり方などについて、「リスクの評価」を基礎におく思考を示したからである。リスクのない事業活動がない以上、経営者は取締役会において決定された企業戦略を受けて、リスクをとりつつ適切な事業機会を見出し、利益を生み出し、自社の企業価値を高める必要がある（鳥羽, 2007, p.219）。

　別な言い方をすれば、企業の経営活動はリスク視点から見ればリスク負担行動であり、日々変化するリスクに潜む損失の可能性を最小化しつつ、同時にチャンスの可能性をいかにすれば最大化できるかの意思決定問題であると言うことができる。さらに、損失の最小化とチャンスの最大化を『リスクの最適化』と捉えれば、企業経営はリスクの最適化に関する継続的意思決定問題ともいえる。企業はこの意思決定を通じ、企業価値及び利害関

係者の価値最適化という企業目標の達成を目指してゆくことが望まれる（上田，2006，p.93）。

　リスクをとること自体が問題ではない。リスクに備えないこと、リスクを放置しておくこと、これが問題なのである。経営判断は最終的には経営者自身が下さなければならないが、経営判断の前に、関連リスクが適切に洗い出され、評価されていることが必要である。これが、内部統制の構成要素としてのリスクの評価である。リスクの評価は日常的な業務においても保証されていなければならない。内部統制の構成要素のうち、現場業務の適切な遂行を実質的に担保するものは、統制活動である（鳥羽，2007，pp.219-220）。

　経営者はさまざまな場合にリスクについて検討を行うが、それらすべての中心になるのが、信頼しうる財務報告に対するリスクなど、主要な目的に対するリスクを検討することである。そこでは、リスクを評価するとは、財務報告の信頼性に影響を与えかねない定量的及び定性的な要因に目を向け、取引処理など、財務諸表の作成に関する活動の中で、何かがうまくいかない可能性を識別することを意味する。そして、経営者が内部統制の誘導ガイダンスに従って、リスクに対する統制活動によって内部統制全体が虚偽表示のリスクを望ましい水準まで十分低減させ、その影響を緩和させることが期待されるのである。これがリスク・アプローチに立脚した現代の「統制活動」としての業務管理の考え方である。リスクの評価は、リスク・アプローチの中核に位置する。

第5節　IT内部統制の概念フレームワーク

　COSOフレームワークを支える内部統制の構成要素に「情報と伝達」がある。それは、コーポレート・ガバナンスの関係者、マネジメント・シス

テムの関係者、そして現場業務の関係者が、それぞれの経営判断や業務遂行上の意思決定を行う際に、適時にそして適切な形でおこなわれるという意味での、情報と伝達の機能状況である。したがって、情報や伝達の機能状況は、情報の様式、作成される頻度、信頼性といった要因のみならず、情報システムにおけるITの利用のあり様によっても大きな影響を受ける（鳥羽，2007, p. p 251）。

内部統制の枠組みをITの分野に応用し、IT資源を事業目的（内部統制の目的より広義）と統制活動との関連でどのように配分したらよいかを示す枠組み（Control Objectives for Information and related Technology：COBIT）が、1996年に米国の情報システムコントロール協会（Information Systems Audit and Control Association：ISACA）によって公表された。これは、組織の情報システムについて適切に開発・活用するための基準、またITガバナンスを測るフレームワークを示した国際的ガイドラインである。

一方で、ITガバナンス協会（IT Governance Institute；ITGI）が米国の企業改革法（SOX）のIT内部統制対応フレームワークとしてCOBIT SOXフレームワーク（IT Control Objectives For Sarbanes-Oxley, 2nd Edition 2006；COBIT for SOX第2版 2006年）を公表した。COBITは、ITガバナンスを4つのドメインと34のITプロセスに分類している。このCOBITの項目の中から、米国企業改革法に関連する12のIT統制目標を抽出、整理し、公開会社会計監視委員会（Public Company Accounting Oversight Board；PCAOB）の監査基準第2号によるIT全般統制を関連付けたものが図表5-4である。

概念的な観点から企業の構成要素を見ると、典型的な企業内でIT統制がどこに存在するかを理解する上で、少なくとも3つの構成要素、つまり「経営管理」、「業務プロセス」、「共有サービス」があり、図表5-5のよう

図表5-4　PCAOBとCOBITとの対応付け

COBITの統制目標	COBIT4.0のプロセスとの対応付け	プログラム開発	プログラム変更	コンピュータ・オペレーション	プログラムとデータへのアクセス
1. アプリケーションソフトウェアの調達と保守	AI 2	●	●	●	●
2. 技術インフラの調達と保守	AI 3	●	●	●	
3. 運用の促進	AI 4	●	●	●	●
4. ソリューションおよびその変更の導入と認定	AI 7	●	●	●	
5. 変更管理	AI 6		●		
6. サービス・レベルの定義と管理	DS 1	●		●	●
7. サードパーティのサービスの管理	DS 2	●		●	●
8. システムセキュリティの保証	DS 5			●	●
9. 構成管理	DS 9			●	●
10. 問題とインシデント管理	DS 8 DS 10			●	
11. データ管理	DS 11			●	●
12. 物理的環境とオペレーション管理	DS 12 DS 13			●	

出所：ITガバナンス協会（IT Governance Institute；ITGI）。公開会社会計監視委員会（Public Company Accounting Oversight Board；PCAOB）の監査基準第2号によるIT全般統制を関連付けた。

にモデル化することができる。

　この図表5-5では、3つの構成要素に対して、IT統制がどのように組み込まれるかを示している。すなわち、ITに対する統制活動は、①「経営管理」に対して全社レベルのIT内部統制、②「業務プロセス」に対してはIT業務統制、③「共有サービス」に対してはIT全般統制が対応していることを示している。

　全社レベルのIT統制は、会社全体の統制環境の一部である。統制には、戦略と計画、方針と手続き、リスク評価活動、研修と教育、品質管理、内

図表5-5　組織共通の構成要素

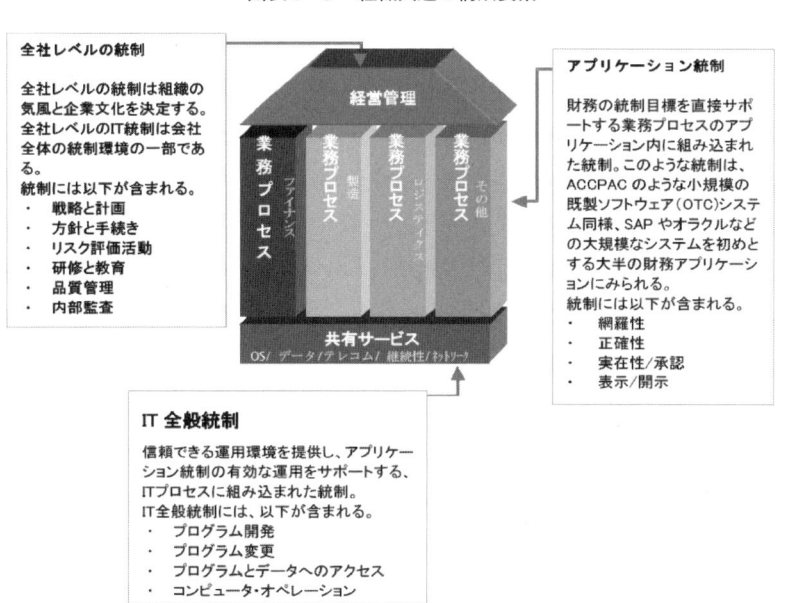

全社レベルの統制

全社レベルの統制は組織の気風と企業文化を決定する。
全社レベルのIT統制は会社全体の統制環境の一部である。
統制には以下が含まれる。
・ 戦略と計画
・ 方針と手続き
・ リスク評価活動
・ 研修と教育
・ 品質管理
・ 内部監査

アプリケーション統制

財務の統制目標を直接サポートする業務プロセスのアプリケーション内に組み込まれた統制。このような統制は、ACCPACのような小規模の既製ソフトウェア（OTC）システム同様、SAPやオラクルなどの大規模なシステムを初めとする大半の財務アプリケーションにみられる。
統制には以下が含まれる。
・ 網羅性
・ 正確性
・ 実在性／承認
・ 表示／開示

IT全般統制

信頼できる運用環境を提供し、アプリケーション統制の有効な運用をサポートする、ITプロセスに組み込まれた統制。
IT全般統制には、以下が含まれる。
・ プログラム開発
・ プログラム変更
・ プログラムとデータへのアクセス
・ コンピュータ・オペレーション

出所：ISACA東京支部監修、新日本監査法人訳　「サーベンス・オクスリー法（企業改革法）遵守のためのIT統制目標　第2版」2006年　p.17。

部監査が含まれる。

　IT全般統制とは、業務処理統制が有効に機能する環境を保証するための統制活動を意味しており、通常、複数の業務処理統制に関係する方針と手続をいうのである（企業会計審議会、内部統制・実施基準2，007，1.2.（6）.ニ）。

　また、IT業務統制として、①情報システムによるもの、②情報システムと人手によるもの、の2つに区分され、一連の流れにより、7つの統制（インプット／エラーデータ／アクセス・コントロール等）が企業改革法遵守プログラムのために定義された。ITシステムは、ますます業務プロ

セスを自動化するようになってきている。その際、ITシステムではしばしば、マニュアル統制（人手による統制）から自動化された統制、またはIT依存型の統制に置き換えている。

　日本基準では、IT環境の飛躍的進展により、ITが組織に浸透した現状に即して「ITへの対応」を加えた。確かに、現代企業の財務報告プロセスはITシステムにより運用されていると言っても過言ではない。ERPまたはその他のシステムは、会計取引の開始、承認、記録、処理、報告に深く組み込まれている。したがって、ITシステムは財務報告プロセス全体に密接に関連しており、内部統制の有効性の評価にあたっては、他の重要なプロセスと共にITシステムを評価する必要がある。

第6節　COSO ERM（2004）の概念フレームワーク

　COSOは、2001年12月に内部統制システムを有効に機能させるため、企業組織のリスクと機会を全社横断的・継続的に評価・改善していくフレームワークを開発するプロジェクトを発足させた。そしてプライスウォーターハウス・クーパースに委託し、リスクマネジメントフレームワークの策定に入り、2003年7月中旬の公開草案を経て、2004年9月にCOSO ERMフレームワーク（Enterprise Risk Management-Integrated Framework）を公表した。

　図表5-6に示すように、COSO ERMフレームワークには、「4つの目的」と「8つの構成要素」、そして事業体（全体）や部署（部分）といった「適用範囲」があり、それらが立方体（キューブ）の関係にあると紹介されている。

　1992年に公表されたCOSOフレームワークに比べると、目的に「戦略」（企業使命、企業目的、戦略への貢献）が新たな項目として追加され、構

図表5-6　COSO内部統制のキューブ VS. COSO ERM のキューブ

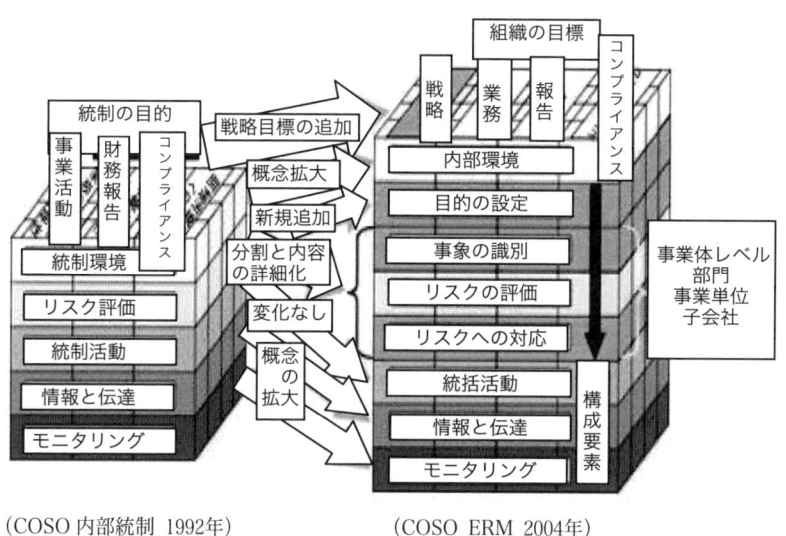

(COSO 内部統制 1992年)　　　(COSO ERM 2004年)

成要素に「目的設定」が加わって、「リスク評価」が「事象認識」「リスク評価」「リスク対応」に分割・詳細化されている。

　これは、1992年に公表されたCOSOフレームワークの発展版として位置づけられている。従来のCOSOフレームワークを補完的に拡張し、リスクの観点からマネジメントと内部統制を統合する考え方を示している。

　COSOがERMフレームワークを公表した背景には、フレームワーク開発の時期に、著名な企業のスキャンダルや経営破綻が連続した時期でもあり、これにより、投資家、企業の従業員やその他の利害関係者が巨大な損失を被り、そのような余波から、新たな法律、規制および上場基準を伴ったより充実したコーポレート・ガバナンスやリスクマネジメントが求められるようになったことがある。

第5章　財務情報と内部統制の概念フレームワーク　91

また、リスクマネジメントに関する世界的な関心の高まりがある。従来のCOSOフレームワークは財務報告中心の考え方が強く、経営者や企業自身にとっては経営実務に活かしにくい面があった。
　したがって、事業活動にともなう不確実性とそれに付随するリスクや事業機会への対応力を強化することにより、経営者に事業目的の達成に関する合理的な保証を与えることを目的として、COSO ERM フレームワークが公表されたのである。
　統制活動に重きを置かれた1992年COSOフレームワークでは、「リスク評価」が構成要素の一つとして定義され、会計をコントロールする体制を業務プロセスに盛り込んでいくための前作業としてリスクを評価することが中心となっていた。1992年モデルに比べて、COSO ERM フレームワークでは、経営目標の設定やリスク事象の識別、優先順位の高いリスクに対する経営者の対応といった経営活動そのものについての切り口が追加されている。このことは、企業を取りまく環境の変化に伴い、事業リスクを収益との関係で体系的に分析予測し、許容できる範囲内にコントロールする必要性が高まっていたことによる（IBMビジネス，2005, p.2）。
　要約すると、このエンタープライズ・リスクマネジメントのフレームワークでは、経営や戦略の視点からリスク許容度を設定・コントロールすること、個々のリスクをポートフォリオの観点から統合管理することを提唱しているといえる。

第7節　日本の内部統制報告制度

　企業会計審議会が2007年2月に公表した日本基準の意見書（「財務報告に係る内部統制の評価及び監査の基準並びに財務報告に係る内部統制の評価及び監査の実施基準の設定について（意見書）」）では、「内部統制とは、

基本的に、企業等の４つの目的（①業務の有効性及び効率性、②財務報告の信頼性、③事業活動に関わる法令等の遵守、④資産の保全）の達成のために企業内のすべての者によって遂行されるプロセスであり、６つの基本的要素（①統制環境、②リスクの評価と対応、③統制活動、④情報と伝達、⑤モニタリング、⑥ITへの対応）から構成される」と述べている。このうち、財務報告の信頼性を確保するための内部統制を「財務報告に係る内部統制」と定義し、基準では、この有効性について経営者による評価及び公認会計士等による監査を実施する際の方法及び手続についての考え方を示している。

前述したように、国際的な内部統制の概念フレームワークとして、米国のCOSO（トレッドウェイ委員会支援組織委員会）の内部統制の概念フレームワークに関する報告書などがある。内部統制の概念フレームワークの理論的発展の流れの中で、その発展の流れからすれば、当然のごとく、日本基準が米国のCOSO（トレッドウェイ委員会支援組織委員会）が2004年に公表した、その最新の発展型の「COSO ERMフレームワーク」を参考にして日本基準を構築して公表すると思われたが、あえて、それよりも12年前の1992年に公表した「COSOフレームワーク」を原則として受け入れつつ、日本に固有の概念フレームワークを設定したことに、ある種の驚きを覚え、日本の内部統制報告制度の妥当性を考察する必要があると考えたのである。

日本の内部統制報告制度が導入された背景を考えると、ディスクロージャーをめぐり不適正な開示事例、具体的には有価証券報告書の虚偽記載問題および公開企業の粉飾決算等の発生により、公開企業の公表財務諸表に関する信頼性が大きく揺らいできていたことによる。そのような状況の中で、財務報告の信頼性を担保するための報告としての内部統制の構築が急務であった。したがって、財務報告中心の考え方に基づき統制活動に重き

を置かれた内部統制のフレームワーク、すなわち、COSO フレームワークのような内部統制の誘導ガイダンスにそって、「リスク評価」を構成要素の一つとして定義し、会計をコントロールする体制を業務プロセスに盛り込んでいくための前作業としてリスクを評価することが中心となる必要があった。

そこでは、発展型の COSO ERM フレームワークのような事業活動にともなう不確実性とそれに付随するリスクや事業機会への対応力を強化するために、事業リスクを収益との関係で体系的に分析予測し、許容できる範囲内にするためのコントロール開発を中心としたガイダンスは、企業経営のためには有効であるが、資本市場の投資家保護のための財務報告の信頼性の担保のためのガイダンスとして、制度上選択されなかったと思われる。

日本の内部統制報告制度の特徴を見ると、国際的な内部統制議論が COSO フレームワークをベースとしていることに鑑みて、日本の制度は COSO フレームワークの枠組みを基本的に踏襲しつつも、日本の実情を反映し、COSO フレームワークの3つの目的と5つの構成要素にそれぞれ1つずつ加え、4つの目的と6つの基本的要素としている。

すなわち、内部統制の目的に関して、日本においては、資産の取得、使用及び処分が正当な手続及び承認のもとに行われることが重要であることから、「資産の保全」を独立させて1つの目的として明示した。

「資産の保全」は、会社法において財産調査権を持つ監査役制度を設けている日本の事情を踏まえて、監査役の役割や内部統制との関連を明示するために追加されたと言われる（ベリングポイント，2007, p.3）。

また、内部統制の基本的要素に関しても、COSO フレームワーク公表後の IT 環境の飛躍的進展により、IT が組織に浸透した現状に即して「IT への対応」を基本的要素の1つに加えている。なお、COSO フレームワ

ークの構成要素という用語を基本的要素としているのは、これらの要素は例示であることを明確にしたものである。

　日本基準は、ITへの対応において下記のように論じている。「ITへの対応は、内部統制の他の基本的要素と必ずしも独立に存在するものではないが、組織の業務内容がITに大きく依存している場合や組織の情報システムがITに大きく依存している場合や組織の情報システムがITを高度に取り入れている場合には、内部統制の目的を達成するために不可欠の要素として、内部統制の有効性に係る判断基準となる」。

　このように、IT（情報技術）への対応は、他の5つの基本的要素に含まれていたものを抜き出して独立させたものである（経済産業省，2007，p.37）。

　日本の制度は、内部統制の目的からすれば、財務報告の信頼性確保にフォーカスしたものであって、業務の有効性や効率性、法令等の遵守は直接的には関係しないことにも気をつけなければならない。しかし、内部統制は、財務報告の信頼性の確保だけの目的をもって設定されているわけではないのである。

　上記の内部統制の4つの目的は相互に関連を有しており、企業等は、内部統制を整備・運用することにより、4つの目的を達成していくことになる。財務報告の信頼性との関係からみると、経営者は、自社のすべての活動及び社内のすべての従業員等の行動を把握することは困難であり、それに代わって、経営者は、企業内に有効な内部統制のシステムを整備・運用することにより、財務報告における記載内容の適正性を担保することとなる。また、内部統制システムの整備・運用を通じて財務報告の信頼性を確保していくことは、業務の有効性及び効率性の確保による情報処理コストの削減、さらには、市場における資金調達機会の拡大や資金調達コストの削減等を通じて一定のメリットを企業等にもたらすこととなる。

経営者には、内部統制の基本的要素が組み込まれたプロセスを構築し、それを適切に機能させていくことが求められている。このため、単に内部統制を整備するだけでなく、それを意図していたように機能させていくことが重要となる。

　なお、具体的に内部統制をどのように整備し、運用するかは、個々の企業等が置かれた環境や事業の特性、規模等によって異なるものであり、一律に示すことは適切でない。経営者には、それぞれの企業の状況等に応じて、内部統制の機能と役割が効果的に達成されるよう、自ら適切に工夫を行っていくことが期待される。

　以上の考察から、日本の内部統制布告制度がCOSO（1992）フレームワークを原則として受け入れつつ、日本に固有の概念フレームワークを設定したことは妥当な選択と考える。

小括

　COSO（2004）は、事業戦略にともなう不確実性とそれに付随するリスクや事業機会への対応力を強化することにより、経営者に事業目的の達成に関する合理的な保証を与えることを目的として公表された。それに対して、統制活動に重きを置かれたCOSO（1992）フレームワークでは、「リスク評価」が構成要素の一つとして定義され、会計をコントロールする体制を業務プロセスに盛り込んでいくための前作業としてリスクを評価することが中心となっていた。日本の内部統制報告制度は、財務情報の信頼性を目的とした財務情報の開示強化に重点を置いたため、COSO（1992）フレームワークを原則として受け入れつつ、固有の概念フレームワークを設定したのである。

第6章　内部統制における決算・財務報告プロセスの評価モデル

　本章では、リスクマネジメント観点から、海運分野の日系グローバル企業を素材に、会計上の見積りや判断にも関係し、財務情報の信頼性に関して非常に重要な業務プロセスである「金銭債権の評価のための貸倒引当金計上に係る内部統制」における「決算・財務報告プロセスの評価モデル」の構築を試みる。

　The Ames Research Group が米国において2005年1月28日から同年10月31日までに早期適用会社によって提出されたフォーム10-Kの404条レポート（内部統制評価報告義務と監査）を調査し、それをアーンスト・アンド・ヤングが分析した資料によると、2005年に404条のレポートを提出した約3,300社のうち、15％に相当する約500社が財務報告に係る内部統制の重要な欠陥を報告した。重要な欠陥として報告された問題点のカテゴリー別構成を見ると、一番多かったのは、財務諸表決算プロセスと開示であり、32％を占めていた（新日本監査法人編，2007, p.241）。

第1節　固有の業務プロセスとして評価を行う決算・財務報告プロセス

　決算・財務報告プロセスは、「主として経理部門が担当する月次の合計残高試算表の作成、個別財務諸表、連結財務諸表を含む外部公表用の有価証券報告書を作成する一連の過程」と定義される（日本公認会計士協

会，2007a，p.35）。

　日本の内部統制報告制度では、決算・財務報告に係る業務プロセスを、(1) 全社的な観点で評価することが適切と考えられるものと、(2) 財務報告への影響を勘案して個別に評価対象に追加することが適切と考えられるものがあるとの整理がされている（企業会計審議会，2007，Ⅱ.2.(2)）。

　前者には、連結会計方針の決定や会計上の予測、見積りなど経営者の方針や考え方等のように全社的な内部統制に性格的に近いといえるものが含まれ、後者には個別財務諸表作成に当たっての決算整理に関する手続等のように業務プロセスに係る内部統制に近い性格のものが含まれると解釈される（日本公認会計士協会，2007a，p.36）。

　固有の業務プロセスとして評価を行う決算・財務報告プロセスは個別の勘定科目・仕訳や開示項目等に係る業務プロセスについて、業務プロセスレベルで評価する項目と考えられる。

　内部統制報告制度では、金額的に重要として選定された事業拠点及びそれ以外の事業拠点について、財務報告への影響を勘案して、重要性の大きい業務プロセスについては、個別に評価対象へ追加しなければならないとしている。重要性の大きい業務プロセスとして選定するポイントとして以下の点を挙げている（企業会計審議会，2007，Ⅱ.2.(2)②ロ）。

①リスクが大きい取引を行っている事業又は業務に係る業務プロセス。
　例えば、財務報告の重要な事項の虚偽記載に結びつきやすい事業上のリスクを有する事業又は業務（例えば、金融取引やデリバティブ取引を行っている事業又は業務や価格変動の激しい棚卸資産を抱えている事業又は業務など）。
②見積りや経営者による予測を伴う重要な勘定科目に係る業務プロセス。
　例えば、引当金や固定資産の減損損失、繰延税金資産（負債）など見

積りや経営者による予測を伴う重要な勘定科目に係る業務プロセス。
③非定型・不規則な取引など虚偽記載が発生するリスクが高いものとして、特に留意すべき業務プロセス。

　例えば、通常の契約条件や決済方法と異なる取引、期末に集中しての取引や過年度の趨勢から見て突出した取引等非定型・不規則な取引を行っていることなどから虚偽記載の発生するリスクが高いものとして、特に留意すべき業務プロセス。

以下において、内部統制における決算・財務報告プロセスのうち、会計上の見積りや判断にも関係し、財務報告の信頼性に関して非常に重要なプロセスの一つである金銭債権の評価ための貸倒引当金の計上に係る評価モデルについて、構築を試みる。

第2節　内部統制における金銭債権の評価モデルの概要

　内部統制における金銭債権の評価モデルを構築するには、決算・財務報告プロセスの各作業工程において次の点を実施する必要がある。

①金融商品に関する会計基準に準拠した会計手続がおこなわれることを保証するために、各プロセスごとに金融商品に関する会計基準に準拠した決算手続書を作成する。
②内部統制の有効性を判定するために、適正な財務諸表を作成する要件を意味するアサーション（経営者の弁明）を、各プロセスごとに設定する。
③アサーションを脅かす会計上の見積りを伴う取引に存在する固有のリスクを各プロセスごとに識別する。

④リスクを低減するためのコントロールを各プロセスごとに構築する。

先ず、具体的な評価モデルに入る前に、以下、金融商品に関する会計基準、アサーション、リスク、アサーションとリスクの関係について述べる。

(1) 金融商品に関する会計基準

2006年5月に会社法が施行されたこと等を受けて、1999年1月に企業会計審議会から公表された「金融商品に係る会計基準」は、2006年8月に改定され、企業会計基準委員会から会計基準第10号「金融商品に関する会計基準」(以下「金融商品会計基準」という)として公表された。また、2000年1月に日本公認会計士協会が「金融商品会計に関する実務指針」(以下「金融商品会計実務指針」という)を公表し、その後、現在の2006年10月の最終改訂版まで何度か改正がなされた。

金融商品会計基準では、受取手形、売掛金、貸付金その他の債権の貸借対照表価額は、取得価額から貸倒見積高に基づいて算定された貸倒引当金を控除した金額とするとしている。

保有する債権を債権者の財政状態及び経営成績等に応じて、図表6-1のように、一般債権、貸倒懸念債権、破産更生債権等の3つに区分し、その区分ごとに貸倒見積高を算定することとされている(金融商品会計基準, 17)。

また、金融商品会計実務指針は、一般事業会社においては、すべての債務者について業況の把握及び財務内容に関する情報を入手することは困難であることが多いので、原則的な区分方法に代えて、債権区分の簡便法として、売掛金等については債権の計上月、貸付金等については弁済期限からの経過期間に応じて債権区分を行う方法も許容されているとしている(金融商品会計実務指針, 107)。

図表6-1　債権の区分

一般債権	経営状態に重大な問題が生じていない債務者に対する債権
貸倒懸念債権	経営破綻の状態には至っていないが、債務弁済に重大な問題が生じているか又は生じる可能性の高い債務者に対する債権
破産更生債権等	経営破綻又は実質的に経営破綻に陥っている債務者に対する債権

　法人税法では、法人の金銭債権について、貸倒損失として損金の額に算入される場合の一つとして「一定期間取引停止後弁済がない場合等」をあげ、具体的には、「継続的な取引を行っていた債務者の資産状況、支払能力等が悪化したため、その債務者との取引を停止した場合において、その取引停止の時と最後の弁済の時などのうち最も遅い時から1年以上経過したとき、ただし、その売掛債権について担保物のある場合は除く」としている。(法基通9-6-1〜3)

　このように法人税法において、最終の弁済期日から1年以上経過していれば一定の方法により貸倒損失処理が認められることから、売掛債権についての債権区分の簡便法として、破産更生債権等を「1年」基準、貸倒懸念債権を「6カ月」基準で区別することが考えられる（あずさ監査法人編, 2007, p.36）。

　貸倒懸念債権や破産更生債権は、金融商品会計基準を適用する際、これらの資産の回収可能性を具体的にどのように判断するかにより、評価額が大きく変わる。それゆえ、評価が甘くなり経営の実情を反映しなくなれば、財務情報としての信頼性が損なわれる恐れがあることに十分注意する必要がある。

図表6-2　貸倒引当金の計上基準

	2002	2003	2004	2005	2006
税法基準に個別の見積額を加算	-	-	-	-	-
一般債権に貸倒実績率、貸倒懸念債権等に個別に回収可能性勘案	293	292	295	295	295
その他	5	6	4	4	3
合計	298	298	299	299	298

「決算開示トレンド　有価証券報告書300社の実態分析　平成19年度」によると、図表6-2に見るように、調査対象とした300社（1部上場：289社、2部上場：11社）は、貸倒引当金の計上基準について、税法基準に個別の見積額を加算する方法をとらず、一般債権に貸倒実績率、貸倒懸念債権等に個別に回収可能性を勘案する方法を取っている（日本公認会計士協会編，2007b，p.218）。

(2) 会計上の見積りを伴う取引に存在する固有のリスク

金銭債権の評価のための貸倒見積額の算出のように、会計上の見積りを伴う取引について、次のような固有のリスクが一般的に存在する（あずさ監査法人編，2007，pp.179-180）。

①非現実的な仮定の設定に基づくリスク

一般債権についての貸倒発生率は大きく変化しないため、将来の貸倒発生率は過去の実績率に近い等の見積りを実施するうえでの仮定の設定が必要になるが、この仮定の設定については主観的な判断が伴うため、

非現実的な仮定の設定に基づくリスクが存在する。
②不正確な情報の収集に基づくリスク
　既に発生している事象に関する情報を収集したうえで、見積りを実施することになるため、必要な情報の安全性が確保できない、不正確な情報の収集に基づくリスクが存在する。
③承認されていない将来計画に基づくリスク
　会社の事業計画等の将来の事象に関する情報に依拠して見積りが実施されることがあると考えられるため、実現可能性が低い将来計画、承認されていない将来計画に基づくリスクが存在する。
④金額計算の誤りに基づくリスク
　会計上の見積りを伴う取引は、スプレッドシート等が利用され、手作業で処理されることが多い。セキュリティーの構築が比較的困難であり、計算の正確性を保証する手段の導入が比較的困難である状況下で計算が実施されることが多いため、金額計算の誤りに基づくリスクが存在する。

(3) アサーション（経営者の弁明）
　適切な財務諸表を作成するための経営者の弁明を意味するアサーションには、実在性、網羅性、権利と義務の帰属、評価の妥協性、期間配分の適切性、表示の妥当性があるが、これらのアサーションから内部統制の有効性を判定することになる。金銭債権の評価を行うための貸倒引当金計上の内部統制における決算・財務報告プロセスのアサーションは、主に下記のとおりである。

①対象となる金銭債権についてのアサーション
（評価の妥当性）対象となる金銭債権の回収可能性を反映した貸倒引当金が設定されていること。

②貸倒引当金および関連損益についてのアサーション
(網羅性) 計上されるべき貸倒引当金が漏れなく、すべて計上されていること。
(表示の妥当性) 計上されるべき貸倒引当金が、計上すべき区分に表示されていること。

　米国の公開会社会計監視委員会 (Public Company Accounting Oversight Board： PCAOB) が公表した監査基準第2号においては、監査人が踏むべき財務報告に対する内部統制を評価するプロセスを明示し、そのプロセスの根底にあるアサーションを基軸とする考え方を示している。すなわち「アサーション」-「文書化」-「文書化されたとおりに業務が遂行されているかの評価」の構図は、監査人が財務報告に対する内部統制を評価する際に重要な視座を与えるものとしている (鳥羽，2007, pp. 408-409)。

(4) 財務諸表の虚偽記載リスクとアサーション

　アサーションとリスクの関係について、具体的に金銭債権の評価について見ると、財務諸表の虚偽記載リスクはアサーションが達成されないという形で顕在化するため、業務プロセスの中で特定してゆく必要がある。そこで財務諸表の虚偽記載リスクの例を下記に示す(あずさ監査法人編, 2007, p 183)。これらのリスクは、リスクコントロールマトリクス (RCM)[1]を通じて整理し、コントロールを識別し設定する必要がある。

① (リスク) 一般債権、貸倒懸念債権、破産更生債権の定義が明確でなく、貸倒引当金の十分性が確保されない。
　(アサーション) 売上債権の評価の妥当性のアサーションが達成されない。

②（リスク）得意先マスターと関連付けた貸倒懸念先、破綻先等の債務者区分情報のシステム登録が不完全であるため、信用状況が良くない取引先に対する債権が一般債権に区分され、貸倒引当金の十分性が確保されていない。

（アサーション）貸倒引当金の網羅性のアサーションが達成されない。

③（リスク）債権管理システムからダウンロードされた債権年齢データが不正確であるため、貸倒引当金が正確に計算されない。

（アサーション）貸倒引当金の正確性のアサーションが達成されない。

④（リスク）貸倒引当金の計算を実施するスプレッドシートの設計に不備があり、結果としての貸倒引当金の計算が不正確となる。

（アサーション）貸倒引当金の正確性のアサーションが達成されない。

⑤（リスク）貸倒懸念債権の対象となった得意先の将来業績について見通しが甘すぎて実態を反映しておらず、結果として貸倒引当金が不十分となる。

（アサーション）売上債権の評価の妥当性のアサーションが達成されない。

次に、貸倒引当金計上に係る内部統制の構築と評価の作業ステップについて、下記に述べる。

金銭債権の評価のための貸倒引当金計上に係る内部統制の構築と評価の作業ステップは、①文書化ステップ、②整備状況の評価ステップ、③運用状況の評価ステップ、の3つのステップで構成される。

まず、文書化ステップでは、対象となる金銭債権についてのアサーションが達成されるように金銭債権の評価に係る貸倒引当金計上の計算業務が実施されていることを、整備状況の評価ステップと運用状況の評価ステップで検証するために、財務諸表の虚偽記載リスク（アサーションが達成で

きず、財務諸表の虚偽記載を発生させるリスク）とそれを防止または発見するコントロール（統制手続）の文書化を行う。ここでは、評価対象範囲について、財務報告に関する内部統制プロセスレベルでのリスクを識別し、リスクの低減に十分に貢献しているコントロール（統制手続）の有無の確認を行うことになる。

次に、整備状況の評価ステップは、金銭債権の評価の内部統制目標に対して、虚偽記載リスクをコントロール（統制手続）するのに、十分機能するようにデザインされているか、また、コントロール（統制手続）が決められたとおりに業務に適用されているかどうかについて評価作業を行う。その際、ウォークスルー[2]を手法として採用する。その手法は、コントロール（統制手続）の流れに従い、関連帳票などの閲覧、観察によって追跡し、また担当者への質問を実施することなどにより文書化内容を実証的に検証する手続である。

運用状況の評価ステップでは、運用状況テストの結果を受けて、内部統制が設計どおり実際に有効に運用されているか否かを判断することになる。具体的には、重要な統制上の要点（キーコントロール）を抽出し、そのキーコントロールに対する運用テストプログラムを作成し、主に、質問、観察、文書・記録の閲覧・調査を行い、原則としてサンプリングにより十分かつ適切な証拠を入手して評価する。

本書の評価モデルでは、各作業ステップの実施時期について、内部統制報告制度の適用開始の2008年4月に合わせて、文書化ステップは、2007年10月から12月、整備状況の評価ステップは、2008年2月（評価対象期間2007年4月から12月）、運用状況の評価ステップは、第1回目を2008年8月（評価対象期間2008年4月から6月）に行ったことを前提とする。

評価対象プロセスは、金銭債権の評価のための貸倒引当金計上に係る内部統制の評価対象プロセスとして、下記の3つのプロセスを選択して、①

文書化ステップ、②整備状況の評価ステップ、③運用状況の評価ステップ、の各ステップの作業例を含んだ評価モデルの試案を示すと、以下の通りである。

  プロセス No. 1 　適切な実績率を用いて貸倒引当金の計算
  プロセス No. 2 　滞留債権の評価
  プロセス No. 3 　貸倒引当金の会計処理

第3節　適切な貸倒実績率を用いた貸倒引当金の計算プロセス

 ステップ1：文書化（リスクとコントロール）

　ここでは、適切な貸倒実績率を用いて貸倒引当金を計算することを目標としたプロセスの文書化の例を示している。

　貸倒見積高の引当方法には、「個別引当法」と「総括引当法」がある。個々の債権ごとに見積もる方法を「個別引当法」といい、債権をまとめて過去の貸倒実績率により見積もる方法を「総括引当法」という（金融商品会計実務指針，122）。

　ここでは、アサーション（評価の妥当性：対象となる金銭債権の回収可能性を反映した貸倒引当金が設定されていること）を支える総括引当法による適切な貸倒実績率を用いた貸倒引当金計算プロセスの文書化を行う。

　第5章 第4節「COSO（2006）内部統制の誘導ガイダンス」で述べたように、内部統制を実施する手順として、「(3) どのリスクが財務報告に重大な虚偽表示をもたらすかを区別し、さらに、こうしたリスクをどのように統制手続を通じて管理するかを判断する必要」がある。

　図表6-3のように、このプロセスには、リスクとして、貸倒引当金の計算誤りが想定され、そのリスクを低減するコントロール（統制手続）が

図表6-3　リスクとコントロール

(プロセス No.1　適切な貸倒実績率を用いて貸倒引当金の計算)

(アサーション) 評価の妥当性：対象となる金銭債権の回収可能性を反映した貸倒引当金が設定されていること
(リスク) 貸倒引当金の計算誤り
(目標) 適切な貸倒実績率を用いて計算すること
(コントロール) 　1) 実績率の計算は、「実績率計算シート」を用いて計算を行う。実績率の計算式は予めエクセルに設定されている。(スプレッドシートコントロール) 　2)「実績率計算シート」の計算式は、決算手続書に記載されている計算式と整合している。 　3) 貸倒引当金担当者は「貸倒引当金計算シート」で一般債権に対する貸倒引当金の計上額を計算し、計算チェックの上、計算チェックをしたチェックマークを「貸倒引当金計算シート」に記入する。
(コントロールのチェック項目) 　1) 貸倒実績率の計算が会計基準に準拠した正確な計算かを検証しているか。
(関連資料) 貸倒引当金計算シート
(コントロール・タイプ) 防止的、手作業 (頻度) 四半期ごと

設定される必要がある。
　文書化のステップにおける留意点は以下の通りである。

(1)　評価範囲の決定

　内部統制報告制度では、評価範囲の絞り込みばかりではなく、必ず含めるべきものとして、財務報告への影響を勘案して重要性の大きい業務プロセスを挙げている。その上で見積りや予測を伴う重要な勘定科目に係る業

務プロセスとして、引当金、固定資産の減損損失、繰延税金資産などが例示されている（企業会計審議会，実施基準，Ⅱ.2.(2)②ロ)。

　重要な事業拠点として絞り込まれた拠点の金銭債権に対する貸倒引当金計上プロセスは、当然、評価範囲に入ることになる。貸倒引当金計上プロセスのうち、適切な実績率を用いて貸倒引当金を計算するプロセスは、適切な貸倒実績率を用いて貸倒引当金を計算することを目標とした重要なプロセスであるので、評価範囲のプロセスとして含められる。

(2)　決算手続書の作成

　コントロールのチェック項目としては、貸倒実績率の計算が会計基準に準拠して正確に計算されていることを検証しているか、が挙げられる。金融商品会計基準及び金融商品会計実務指針に基づき、下記の内容が「決算手続書」に規定され、それに従って、実績率の計算は、「貸倒引当金計算シート」で行う必要がある。

　①一般債権について「総括引当法」を適用する場合は、債権全体又は同種・同類の債権ごとに（一定のグルーピングをしたうえで)、債権の状況に応じて求めた過去の貸倒実績率等の合理的な基準により貸倒見積高を算定する（金融商品会計基準，28)。

　　計算式は、一般債権の貸倒見積高＝債権金額×貸倒実績率となる。
②グルーピングの方法については、1) 勘定科目ごと：売掛金、貸付金、未収金等、2) 発生原因別：営業債権（売掛金、受取手形)、営業外債権（貸付金)、3) 期間別：短期債権（期日が1年以内)、長期債権（期日が1年超）がある。また、一般債権においても個々の債権が有する信用リスクの程度には差があるため、与信管理目的で債務者の財政状態・経営成績等に基づいて債権の信用リスクのランク付け（内部格付）が行われている場合には、そのランクに応じてグルーピングの方法もとられる（金

融商品会計実施基準，110)。

③貸倒実績率の算定については、貸倒実績率は、ある期における債権残高を分母とし、翌期以降における貸倒損失額を分子として算定する。貸倒損失の過去のデータから貸倒実績率を算定する期間は、一般には、債権の平均回収期間が妥当である。ただし、当該期間が1年を下回る場合は、1年とする。なお、当期末に保有する債権について適用する貸倒実績率を算定するに当たっては、当期を最終年度とする算定期間を含むそれ以前の2～3算定期間に係る貸倒実績率の平均値による（金融商品会計実施基準，110)。

$$貸倒実績率 = \frac{貸倒損失額（算定期間における発生額）}{債権額}$$

(3) エンド・ユーザー・コンピューティング

当該プロセスにおいて貸倒引当金の計算誤りのリスクを低減するために、コントロールとして、「実績率の計算は、『実績率計算シート』を用いて計算を行う。実績率の計算式は予めエクセルに設定されている」が置かれている。この実績率計算シートは、エクセル・スプレッドシートを使用して、実績率計算を行うシートであり、IT業務処理統制に準じた管理が必要となる。

決算・財務報告プロセスに係る内部統制の評価範囲の決定において、エンド・ユーザー・コンピューティング（EUC：エクセル等のスプレッドシートを含む）の利用者管理が重要となる。

スプレッドシート上でどのような加工・計算を行っているかについても作成者以外の者が理解できるように説明を付し、複雑な計算式やマクロを変更する場合は、変更箇所とその理由、承認者及び承認日を記録しておく必要がある。

また、計算式やマクロを保護するなど、誤って計算ロジックを改ざんしないような手立てを講じ、さらに経理部員の誰もがアクセスできるような環境にファイルを保存しておかないことが重要である(鈴木, 2008, pp. 72-73)。
　エンド・ユーザー・コンピューティング（EUC）は、その利便性自体が内部統制上の大きな問題となる。つまり、エンド・ユーザー・コンピューティング（EUC）はフレキシビリティが高いため、逆に管理レベルが低くなってしまうのである。たとえば、ユーザーが自由にデータ抽出条件や加工条件を変更できるため、間違いや不正の入り込む可能性が高く、また、データの持ち出しの容易さが、本来その情報に触れることが許されない人間にデータを渡したり、加工が行われたりする余地を生んでしまうのである（あずさ監査法人編, 2007, pp. 245-246）。
　リスクとしては、「エンド・ユーザー・コンピューティング（EUC）統制が不適切に行われることにより計上金額を誤る」が識別される。エンド・ユーザー・コンピューティング（EUC）のコントロール・チェック項目は図表6-4の通りである。
　2008年11月に日本公認会計士協会から「財務諸表監査における情報技術（IT）を利用した情報システムに関する重要な虚偽表示リスクの評価及び評価したリスクに対応する監査人の手続について――　Q&A」が、IT委員会研究報告第31号として公表された。この報告書で、スプレッドシートに関する統制リスクの評価手続の留意点として、次の点をあげている（日本公認会計士協会, 2008, p. 46）。

①比較的単純なスプレッドシートについては、検算等の手作業での統制手続により、十分にリスクを低減できる場合もあること。
②一方、機能を自動化するマクロの利用や処理の内容が複雑でブラックボ

図表6-4　コントロールのチェック項目・内容・有効な例

チェック項目	チェック内容	有効な例
1. アクセスの制限	ファイルは業務上必要な関係者のみアクセス可能である。	✔ファイルにパスワードが設定されている。 ✔アクセス制限された共有サーバ上に保管されている。
2. 変更履歴の作成	ファイル上の計算式の変更履歴（変更者、変更内容、変更日時等）が保管されている。	✔同左。
3. 作成情報の保管	ファイル作成のために必要な情報が保管されている。	✔スプレッドシートを再現するために必要な情報（情報のソース、数式の説明、リンク等の関係の説明、マクロの説明、DBテーブルの定義、クエリの内容説明）が保管されている。
4. バックアップの実施	ファイルのバックアップが定期的に取られ、保管されている。	✔ファイルは共有サーバーに保管されており、共有サーバーは定期的にバックアップが取られている。

ックス化しているような相当に複雑なスプレッドシートが利用されている場合には、自動化された業務処理統制等と同様の処理の一貫性を維持する

ような統制の整備が求められる場合もある。例えば、データベース機能を活用し、在庫管理などの基幹システムとして高度に利用するような場合には、通常のシステムの管理と同等の管理が必要となることに留意する必要があること。

③監査人は、スプレッドシートについて、その処理の内容や財務諸表の記載事項に影響を与えるリスクの程度等を勘案し、それに応じて必要と認められる統制手続の内容、範囲等を検討する必要があること。

④スプレッドシートのリスクの程度を評価する観点としては、例えば、以下のようなものが考えられること。

・スプレッドシートの複雑さ
・スプレッドシートが処理する金額の重要性
・スプレッドシートが処理する内容・目的
・スプレッドシートの変更頻度等

⑤利用しているスプレッドシートが簡易だからといって、統制が不要となるものではなく、特定のスプレッドシートが監査上重要なものと判断される場合は、少なくとも計算処理の結果を確かめるために、検算等のなんらかの適当な統制手続が必須となることに留意する必要があること。

　企業において使われるスプレッドシートは、単純な集計のみを行うような手作業に近い使い方から、複雑な割引現在価値計算等の通常のコンピューターの自動計算と同じような処理を行うものまで様々なものがある。
　一般的には、四則演算を行うような比較的単純なものを占める割合が相当程度あると思われるが、当該評価モデルの被評価会社の貸倒実績率の計算は、組み込まれた計算式としてはさほど複雑ではないが、処理する金額の重要性は高いと言える。また、「個別引当法」におけるキャッシュ・フロー見積法の計算に組み込まれたロジックをもつ複雑かつ重要なスプレッ

ドシートなどは、ロジックの正確性の検証、アクセス管理、変更管理等の統制手続が要求される。

ステップ２：整備状況の評価

評価担当者は、コントロール（統制手続）の流れに従い、決算手続書の閲覧、作業証跡の検査、また担当者への質問を実施することなどにより文書化内容を検証する。図表６-５は整備状況の評価報告書の例である。

整備状況の評価ステップについては、金銭債権の評価の内部統制目標に対して、虚偽記載リスクをコントロール（統制手続）するのに、十分機能するようにデザインされているか、また、コントロール（統制手続）が決められたとおりに業務に適用されているかどうかについて評価作業を行う。

例えば、図表６-５が作成されるまでには、以下のような作業が評価担当者により行われたはずである。

ウォークスルーを実施し、決算手続書の閲覧により、①決算手続書に貸倒実績率の計算を「貸倒実績率計算シート」で行うことが明文化されていたことが確認された。また、②決算手続書の貸倒実績率の計算式は、会計基準に準拠していることが確認された。しかし、③担当者への質問により、貸倒実績率計算シートへの入力とチェックを、同一の者が実施していることが判明した。これは職務分離と権限の分掌による内部牽制機能が決算手続書に記載されておらず、従って実績率計算シートへの入力とチェックがそれぞれ異なる者により行われていないので、貸倒実績率の計算誤りのリスクを低減させる内部牽制機能が整備されていなかったと判断されたのであった。

職務分離と権限の分掌による内部牽制機能の整備については、第５章第３節「COSO（1992）報告書の内部統制の概念フレームワーク」で述べ

図表6-5　整備状況の評価報告書の要約

（プロセスNo.1　適切な貸倒実績率を用いて貸倒引当金の計算）

(整備評価の実施手続) 1) 決算手続書に貸倒実績率の計算を「貸倒実績率計算シート」で行うことが明文化されているか。 2) 決算手続書の貸倒実績率の計算式は、会計基準に準拠しているか。 3) 貸倒実績率の計算は、適切な担当者が入力し、担当者以外がチェックをしているか。	
(キーコントロールか)　　はい	
(評価対象期間)　2007年4月1日から12月31日	
(実施期間)　2008年2月1日から2月29日	
(評価部門)　担当部／担当者名（評価完了日／報告日）	
(被評価部門)　担当部／担当者名	
(ウォークスルー結果) 1. 証拠資料のチェック：①貸倒引当金計算シート、②金銭債権グルーピング一覧表（勘定科目ごと、発生原因別、期間別）、③貸倒実績率計算シート 2. 社規・マニュアルのチェック：決算手続書 3. コメント：担当者への質問により、貸倒実績率計算シートへの入力とチェックを、同一の者が実施していることが判明した。	
(総合評価)　不備	
(判断の根拠) 　実績率の計算式が、設定されているスプレットシート（エクセル）「債権額及び貸倒損失額（算定期間における発生額）」を入力する経理担当者とチェックする担当者が同一人物であることを禁止することが、決算業務マニュアルに明記されていない。（職務分掌による内部牽制機能が未記載）	

たように、COSOフレームワークの5つの構成要素の一つであり、また、第5章 第7節で述べた日本基準の概念フレームワークの6つの構成要素の一つである「統制活動（権限や職責の付与および職務の分掌）」の問題であるので、内部統制の有効性を評価する際の基準として重要である。

職務分離と権限の分掌については、COSO（1992）フレームワークでは、「職務は、誤謬またはその他の不適切な行為が発生するリスクを減らすため、複数の人間の間で分担または分離される。たとえば、取引を承認する責任、取引を記録する責任および取引に関連した資産を扱う責任は区別される」と述べられている（COSO, 1992, p.84）。

当該評価モデルの被評価企業では、この整備評価の不備に対する是正として、決算手続書に「貸倒実績率の計算は、適切な担当者が入力し、担当者以外がチェックをする旨」の条項を加え、また、作業手順として、入力する者とチェックする者について、それぞれ具体的担当者を決めることになろう。

一般的に中小規模の企業の場合、社員が少なく、その多くは担当する職務領域が広いなど資源の制約があり、財務報告目的を効果的に達成するための職務分掌機能を損なう状況にあるときは、虚偽表示の識別を可能にするように、十分詳細にかつ適時に作成される報告書や関連資料の周期的なレビューやモニタリングを他の者または上位の者が行うという補完的コントロールの設定が検討されるべきである（COSO, 2006, p.114）。

ステップ3：運用状況の評価

評価担当者は、適切な貸倒実績率を用いて貸倒引当金の計算プロセスの運用テストプログラムを作成し、主に、質問、観察、文書・記録の閲覧・調査を行い、原則としてサンプリングにより十分かつ適切な証拠を入手して評価を行う。図表6-6は運用評価報告書の例である。

例えば、図表6-6が作成されるまで、以下のような作業が評価担当者により行われたはずである。

　まず、経理担当者への質問により決算手続書の記載事項、特に、債権のグルーピング方法や貸倒実績率の計算式に何らかの変更がなかったことを確認する。

　次に、評価担当者は決算手続書と貸倒実績率計算シートを閲覧し、決算手続書に明文化されている貸倒実績率の計算式と、貸倒実績率計算シートの計算式とが整合しているかの確認作業を行う。

　ここで、貸倒実績率の転記ミスを発見した場合を想定する。貸倒実績率計算シートの貸倒実績率（3.6％）と貸倒引当金計算シートの貸倒実績率（3.5％）が一致していないことが判明し、原因は貸倒実績率計算シートからの貸倒引当金計算シートへの貸倒実績率の転記ミスによるものであるとする。決算手続書では、経理担当者が貸倒引当金計算シートに貸倒実績率を転記し、貸倒引当金を計算した後、経理課長が貸倒実績率計算シートの貸倒実績率と貸倒引当金計算シートの貸倒実績率が一致していることを確認し、貸倒引当金の計算を検算して押印することになっていたが、実際は経理課長の押印がなかったのである。

　このように決算・財務報告プロセスの運用状況の評価で発見された不備は、まず、不備を識別して是正計画を立て早期に是正する必要がある。しかし、不備が当該会計年度末までに是正されない場合は、不備が内部統制の有効性にいかにどれだけ影響を与えるかどうかの判断が必要になる。

　内部統制の不備の区分について、日本基準では、内部統制の不備を、財務報告に与える影響の程度に応じ、「重要な欠陥」（2011年3月30日、意見書の改訂により「開示すべき重要な欠陥」へ用語の見直しが行われた）と「不備」との2つに区分している（企業会計審議会，意見書，二 (4)②）。

　ここで、不備の影響が広範囲に及ぶものと不備の影響が特定できるもの

図表6-6　運用状況の評価報告書の要約

（プロセスNo.1　適切な貸倒実績率を用いて貸倒引当金の計算）

（運用テスト手続）
（質問）決算手続書の記載事項、特に、債権のグルーピング方法や貸倒実績率の計算式に何らかの変更があったか等の質問をする。
（閲覧）決算手続書に明文化されている貸倒実績率の計算式と、貸倒実績率計算シートの計算式とが整合しているかを確認する。
（サンプリング） 　　貸倒引当金計算シートを選び、貸倒実績率計算シートで計算された貸倒実績率と一致するかのテストを行う。
（評価対象期間）　2008年4月1日から6月30日
（実施期間）　　　2008年8月1日から8月31日
（評価部門）　　　担当部／担当者名（評価完了日／報告日）
（被評価部門）　　担当部／担当者名
（運用テストに結果） 1. 評価：不備 2. 判断の根拠：貸倒実績率計算シートの貸倒実績率（3.6％）と貸倒引当金計算シートの貸倒実績率（3.5％）が一致しなかった。貸倒実績率計算シートからの貸倒引当金計算シートへの貸倒実績率の転記ミスによる。決算手続書では、経理担当者が貸倒引当金計算シートに貸倒実績率を転記し、貸倒引当金を計算した後、経理課長が貸倒実績率計算シートの貸倒実績率と貸倒引当金計算シートの貸倒実績率との一致を確認し、貸倒引当金の計算を検算して押印することになっていたが、経理課長の押印がなかった。 3. 質問に対する回答：整備評価後、決算手続書の記載事項の変更は無い。 4. 閲覧の結果：決算マニュアルと貸倒実績率計算シートの計算式は一致。

に分類し、当該不備が重要な欠陥に該当するかを検討する必要がある。不備の影響が広範囲に及ぶものについては、全社的な内部統制における不備の評価に準じて、重要な欠陥に該当するかどうか検討する。また、不備の影響が特定できるものについては、業務プロセスに係る内部統制の不備の評価に準じて、重要な欠陥に該当するかどうかを判断することになる。

内部統制の不備の評価と報告における不備の重要性判断については、日本基準では、内部統制の不備が重要な欠陥に該当するかどうかを判断する際には、不備の金額的重要性及び質的重要性を勘案して判断することとしている。例えば、不備の影響額が連結税引前利益の概ねその5％程度とすることが考えられる（企業会計審議会，実施基準，Ⅱ.1.②ロ）。

この評価モデルでは、貸倒実績率の転記ミスによる一般債権の評価額及び貸倒引当金の繰入額への影響額は、3億円で、第1四半期の連結税引前利益の0.1％であったので、四半期報告書の修正はなされなかったが、再発防止のために、今後貸倒引当金計算シートに経理部長の検印を義務づけ、必ず「経理課長が①貸倒引当金計算シートと貸倒実績率計算シートの貸倒実績率とが一致することをチェックしたこと、②貸倒引当金計算シートの検算をおこなったこと」を経理部長が確認することをコントロール（統制手続）に加えるなどの変更が行われることになろう。

第4節　滞留債権の評価プロセス

ステップ1：文書化　（リスクとコントロール）

　ここでは、まず、アサーション（評価の妥当性：対象となる金銭債権の回収可能性を反映した貸倒引当金が設定されていること）を支える滞留債権の評価プロセスの文書化を行う。
　図表6-7のように、このプロセスには、リスクとして、恣意的な「貸倒引当金の計上」が想定され、そのリスクを低減するコントロール（統制手続）が設定される必要がある。
　滞留債権の評価プロセスにおいて、文書化のステップにおける留意点は以下の通りである。

(1)　債権の区分

　売掛金や受取手形のような金銭債権は万一得意先が倒産した時には回収が保証されていないリスク資産であるので、貸倒引当金を設定し、債権金額からリスクに相当する金額を控除する必要がある。多少の回収の遅れが生じている程度の「軽度の」問題を含んだ取引先に対する債権は、一般債権の区分に入れるが、未だ破綻するに至っていないものの、支払に重大な問題が生じている債権は貸倒懸念債権として、手形取引停止処分を受けたり会社更生法の適用を申請するなど誰の目にも経営が破綻したことが明らかな取引先およびそれに準じた取引先に対する債権は破産更生債権として、それぞれ区分して評価する（田宮，2000, p. 108）。

図表6-7　リスクとコントロール

（プロセスNo.2　滞留債権の評価）

（アサーション）評価の妥当性：対象となる金銭債権の回収可能性を反映した貸倒引当金が設定されていること。
（リスク）恣意的な貸倒引当金の計上。
（目標）貸倒引当金を一貫した方針で計上を行う。
（コントロール） 1)　貸倒引当金担当者は当年度に発生した滞留債権について、営業部から提出された営業部長の承認のある滞留報告書をもとに「貸倒引当金計算シート」上に債権金額と回収可能額を転記し、得意先別明細（補助簿）と債権金額の整合性を確認する。 2)　整合性の確認結果として、「貸倒引当金計算シート」該当部分にチェックマークを入れる。 3)　貸倒引当金担当者は回収可能額の妥当性を検討し、個別引当の計上金額の算出過程を「貸倒引当金計算シート」に記録する。 4)　過年度に計上した引当金について、相手先の経営状況に鑑み毎期見直しを「貸倒引当金計算シート」上で行っている。「貸倒引当金計算シート」上、最近の信用状況、担保価値を考慮し、引当金計上額は最近の状況を毎期反映させて再度計算を行っている。貸倒引当金担当者による計算結果は、経理課長、経理部長により承認されている。
（コントロールのチェック項目） 1)　当年度に発生した滞留債権について、相手先の経営状況（最近の信用状況、担保価値など）をもとに計上額を検討しているか、 2)　過年度に計上した引当金について、相手先の経営状況に鑑み毎期見直しているか（最近の信用状況、担保価値を考慮し、引当金計上額は最近の状況を反映した額となっている）。

| (関連資料) 貸倒引当金計算シート、個別引当金計算シート、決算手続書 |
| (コントロール・タイプ) 防止的、手作業 （頻度）四半期ごと |

(2) 6カ月基準と1年基準

　滞留債権は、一般的に6カ月以上滞留した債権を指すが、本件では、当該被評価企業では貸倒懸念債権については6カ月以上の債権を基準とし、破産更生債権等については1年以上の債権を基準として区分評価している。

(3) 決算手続書の作成

　金融商品会計基準及び金融商品会計実務指針に基づき、下記の内容が「決算手続書」に規定され、それに従って、滞留債権の評価を行う必要がある。
　回収可能額を反映した貸倒見積高の算定方法については、債権の区分ごとに図表6-8のような合理的な方法で回収可能額を反映した貸倒見積高を算定する。

　コントロールのチェック項目として、当年度に発生した滞留債権について、相手先の経営状況（最近の信用状況、担保価値など）をもとに計上額を検討してみる必要がある。

① 貸倒懸念債権

　6カ月以上を経過した債権、特に、貸倒懸念債権（6カ月以上基準）については、債権の状況に応じて、財務内容評価法又はキャッシュ・フロー見積法のいずれかの方法により貸倒見積高を算定する。将来キャッシュ・フローを合理的に見積ることが可能であり、かつ、実際の回収が担保処分によるのではなく債務者の収益を回収原資とする場合にはキャッシュ・フロー見積法によることが望ましいとされている（金融商品会計実務指

図表6-8 滞留債権に対する回収可能額を反映した貸倒見積高の算定方法

貸倒懸念債権	財務内容評価法
	キャッシュ・フロー見積法
破産更生債権等	財務内容評価法

針，299）。

ただし、同一の債権については、債務者の財政状態及び経営成績も状況等が変化しない限り、選択した方法を継続して適用する（金融商品会計基準，28（2））。

a）　財務内容評価法

財務内容評価法とは、債権額から担保の処分見込額及び保証による回収見込額を減額し、その残高について債務者の財政状態及び経営成績を考慮して貸倒見積高を算定する方法である。

財務内容評価法による貸倒見積高を算定の手順は次のようになる。1.債権額を確定する、2.担保の処分見込額を算定する、3.保証による回収見込額を算定する、4.残額（＝1－2－3）について、引当額（貸倒見積高）を決定すると続く。

財務内容評価法を採用する場合には、債務者の支払能力を総合的に判断する必要がある。債務者の支払能力は、債務者の経営状態、債務超過の程度、延滞の期間、事業活動の状況、銀行等金融機関及び親会社の支援した状況、再建計画の実現可能性、今後の収益及び資金繰りの見通し、その他債権回収に関係のある一切の定量的・定性的要因を考慮することにより判断される。一般事業会社においては、債務者の支払能力を判断する資料を入手することが困難な場合もある。例えば、貸倒懸念債権と初めて認定した期には、担保の処分見込額及び保証による回収見込額を控除した残額の50％を引き当て、次年度以降において、毎期見直す等の簡便法を採用する

こ␣とも考えられる。ただし、個別に重要性の高い貸倒懸念債権については、可能な限り資料を入手し、評価時点における回収可能額の最善の見積りを行うことが必要である（金融商品会計実務指針，114）。

　財務内容評価法は、債務者の状況を考慮した貸倒見積率を考えると次の計算式となる（横山，2007, p.236）。

　　貸倒見積高＝｛債権額−（担保処分見込額＋保証回収見込額）｝×債務者
　　　　　　　の状況を考慮した貸倒見積率

b) キャッシュ・フロー見積法

　キャッシュ・フロー見積法とは、債権の元本の回収及び利息の受取りに係るキャッシュ・フローを合理的に見積ることができる債権について、債権の元本及び利息について元本の回収及び利息の受取りが見込まれるときから当期末までの期間にわたり当初の約定利子率で割り引いた金額の総額と債権の帳簿価額との差額を貸倒見積高とする方法である。

　キャッシュ・フロー見積法を採用する場合に、債権の元利回収に係る契約上の将来キャッシュ・フローが予定どおり入金されないおそれがあるときは、支払条件の緩和が行われていれば、それに基づく将来キャッシュ・フローを用い、それが行われていなければ、回収可能性の判断に基づき入金可能な時期と金額を反映した将来キャッシュ・フローの見積りを行った上で、それを債権の発生当初の約定利子率又は取得当初の実効利子率で割り引くとしている（金融商品会計実務指針，115）。

　キャッシュ・フロー見積法は、将来キャッシュ・フローと債権の発生当初の約定利子率又は取得当初の実効利子率から次の計算式となる（横山，2007, p.236）。

　　貸倒見積高＝債権帳簿価額−Σ｛将来見込まれるキャッシュ・フロー
　　　　　　　÷（1＋当初の約定利子率）^{期末までの期間}｝

② 破産更生債権等

　1年以上を経過した債権、特に、破産更生債権等（1年以上基準）については、債権額から担保の処分見込額、保障による回収見込額を減額し、その残額（100％）を貸倒見積高とする財務内容評価法を適用する（金融商品会計実務指針，117）。

　担保の処分見込額及び保証による回収見込額の取扱いについては、貸倒懸念債権と同様であるが、債権額から担保及び保障による回収見込額の残額（100％）を貸倒見積高とすることが貸倒懸念債権の財務内容評価法と異なる。計算式は次のとおりである。

　　　　貸倒見積高＝債権額－（担保処分見込額＋保証回収見込額）

(4) 過年度に計上した引当金

　一方、図表6-7におけるコントロールのチェック項目2)で示した過年度に計上した引当金については、相手先の経営状況に鑑み毎期見直しているか（最近の信用状況、担保価値を考慮し、引当金計上額は最近の状況を反映した額となっているか）の確認を要する。

　具体的には、過年度に計上した引当金について、①相手先の経営状況に鑑み毎期見直しを貸倒引当金計算シート上で行っているか、②貸倒引当金計算シート上、最近の信用状況、担保価値を考慮し、引当金計上額は最近の状況を毎期反映させて再度計算を行っているか、③貸倒引当金担当者による計算結果は、経理課長、経理部長により承認されているかを確認する必要があるのである。

　このように定期的に引当金計上額を毎期見直すことは、滞留債権の評価について極めて重要である。第5章 第4節「COSO内部統制の誘導ガイダンス」（pp.83-84）で述べたように、COSO内部統制の誘導ガイダンスでは、COSOの枠組みにおける5つの構成要素に関連づけられる20の基

本原則の一つとして日常的モニタリング活動及び独立的評価をあげている。このように過年度に計上した引当金を日常的あるいは定期的に相手先の経営状況、最近の信用状況、担保価値をレビューして、債権評価額の最近の状況をモニタリングすること（棚卸して見直しする作業）をコントロールに設定して置くことは重要である（COSO, 2006, p. 154）。

ステップ２：整備状況の評価

評価担当者は、コントロール（統制手続）の流れに従い、決算手続書の閲覧、作業証跡の検査、また担当者への質問を実施することなどにより文書化内容を検証する。図表６-９は、整備状況の評価報告書の例である。

滞留債権の評価プロセスにおける整備状況の評価ステップは、貸倒引当金を一貫した方針で計上をするという内部統制目標に対して、虚偽リスクである恣意的な貸倒引当金の計上のおそれをコントロールするのに十分機能するようにデザインされているか、について評価作業を行う。

例えば、図表６-９が作成されるまでには、以下のような作業が評価担当者により行われたはずである。

ウォークスルーを実施し、手続書の閲覧、作業証跡の検査、また担当者への質問を通じて、まず、①個別引当金の計上方針について決算手続書に明記されていることを確認した。次に、②決算手続書のガイドラインは金融商品会計基準に準拠していることを確かめた。さらに、③決算手続書により個別引当金についての手順が明文化されていることを確かめた。そして、④決算に先立ち、基礎資料の入手状況が適切であることを確かめた。

しかし、整備状況の評価を通じて、決算手続書には、滞留債権の評価の方針及び手順が明記されていない。担当者が新人でありこの業務の経験がないなどの欠陥があり、さらに、滞留債権一覧表を閲覧すると、最近の金融危機による業界の経済環境の悪化により、前年度に比較して滞留債権が

図表6-9　整備状況の評価報告書の要約

(プロセス No.2　滞留債権の評価)

(整備評価の実施手続)
① 個別引当金の計上方針について、決算手続書に明記されていることを確かめる。
② 決算手続書のガイドラインは、金融商品会計基準に準拠しているかどうかを確かめる。
② 決算手続書により、個別引当金についての手順が明文化されていることを確かめる。
③ 決算に先立ち、基礎資料の入手状況が適切であることを確かめる。
　前年度に計上した相手先への取扱い(追加引当の検討・貸倒償却処理の時期)について決算手続書に明文化されていることを確かめる。

(キーコントロールか)　　はい

(評価対象期間)　2007年4月1日から12月31日

(実施期間)　2008年2月1日から2月29日

(評価部門)　担当部／担当者名　(評価完了日／報告日)

(被評価部門)　担当部／担当者名

(ウォークスルー結果)
1. 証拠資料のチェック：①滞留債権一覧表、②個別引当金計算シート、③貸倒引当金算定シート
2. 社規・マニュアルのチェック：①決算手続書
3. コメント：担当者への質問により、担当者は6カ月前に経理部に配属された新人で、滞留債権の評価は初めてであることがわかった。個別引当の計上金額の算出は、前任者から引継いだ個別引当金計算シートの計算手順メモを拠り所にして、1カ月後の会計年度末に行う予定である。その計算手順メモには、前年度に計上されている相

手先を対象に、貸倒引当金算定シート、信用調査資料等を入手し貸倒引当金計算過程を検討する方法は記されておらず、前任者から引継時に指導も受けなかった。滞留債権一覧表を閲覧すると、最近の金融危機による業界の経済環境の悪化により、前年度に比較して滞留債権が30％増加している。
（総合評価）不備 （判断の根拠）決算手続書には、滞留債権について回収可能額の妥当性を検討し個別引当の計上金額を算出するガイドラインは十分に明記されていなかった。前任者は、過去10年以上にわたり滞留債権の評価を担当していた熟練者で、自らの頭に手順が記録され、決算手続書に十分に明記していなかった。

30％増加しているので、滞留債権の評価が正確になされないリスクが増大していることが判明したのである。

　この整備状況の不備を是正するために、経理課長、経理部長、財務担当役員および内部統制室長と協議し、①決算手続書には、滞留債権の評価の方針及び手順を検討し3月末までに明記すること、②決算及び公表財務諸表の完了まで外部の経理専門家を雇用し、滞留債権を含む債権の評価の経理業務を行うことを決めることになろう。

　第5章 第4節「COSO（2006）内部統制の誘導ガイダンス」において、5つの構成要素と関連付けられ財務報告における重要な虚偽表示を予防または発見し、是正するために、互いに機能し合い、かつ、それから直接導き出された基本概念を表す20の基本原則の一つとして統制環境、特に人的資源の確保が示されている。統制環境（人的資源）の問題、特に、担当者の専門能力評価の問題は内部統制の整備状況を評価する上で重要な項目で

ある。

　経営者は、財務情報の記録及び報告に携わる担当者の人数や専門能力が十分であるかについて評価する必要がある。担当者が問題点を把握する能力、関連する専門領域によって裏付けられた担当場所への適応能力、さらには、財務報告に関する最新の技術的な領域についていけるかといった点を十分に配慮して人的資源の配分を考える必要がある。当該評価モデルの例のように長年の経験と実績を持った前任者から経験と知識が乏しい新人へ引き継ぐ場合は、統制環境に潜在的リスクがあるか否かを確認する手続きが追加されることになるであろう（COSO, 2006, p.82）。

ステップ3：運用状況の評価

　評価担当者は、滞留債権の評価プロセスの運用テストプログラムを作成し、主に、質問、観察、文書・記録の閲覧・調査を行い、原則としてサンプリングにより十分かつ適切な証拠を入手して評価する。図表6-10は運用評価報告書の例である。

　滞留債権の評価に係る運用状況の評価では、内部統制が設計どおり実際に有効に運用されているか否かを判断することになる。その際、アサーションである評価の妥当性、即ち、対象となる金銭債権の回収可能性を反映した貸倒引当金が設定されたかどうか、の観点から当該内部統制の有効性を判定することになる。

　例えば、図表6-10が作成されるまで、以下のような作業が評価担当者により行われたはずである。

　まず、①経理担当者への質問により、決算手続書の記載事項に何ら変更がなかったことが確認され、また、1年以上回収されていない滞留債権や破産更生債権等があることが確認された。次に、②関連資料の閲覧により、前年度に計上されている相手先を対象に、貸倒引当金算定シート、信用調

図表6-10　運用状況の評価報告書の要約

（プロセス No.2　滞留債権の評価）

（運用テスト手続）   （質問）   　① 決算手続書の記載事項に何らかの変更があったか。   　② 1年以上回収されていない滞留債権や破産更生債権等があるか。   （閲覧）　前年度に計上されている相手先を対象に、貸倒引当金算定シート、信用調査資料を入手し、貸倒引当金計算過程を検討していることを確かめる。   （サンプリング）滞留債権一覧表と個別引当金計算シートを入手し、滞留債権について決算手続書に従って計算が行われたこと、及び、個別引当金の計算シートは適切に承認されていることを確かめる。
（評価対象期間）　2008年4月1日から6月30日
（実施期間）　2008年8月1日から8月31日
（評価部門）　　担当部／担当者名　（評価完了日／報告日）
（被評価部門）　担当部／担当者名
（運用テストに結果）   1.評価：不備   2.判断の根拠：サンプリングにより下記の点を検証し判明した。   　① 債権管理システムからダウンロードされた債権年齢データが不正確であるため、得意先マスターと関連付けた貸倒懸念先、破綻先等の債務者区分情報のシステム登録が不完全であり、信用状況が良くない取引先に対する債権が一般債権に区分されていた。   　② 個別引当金計算シートは経理課長、経理部長により承認されていた。   　③ 前年度に計上されている相手先を対象に、貸倒引当金算定シート、信用調査資料を入手し、貸倒引当金計算過程を検討した結果、計算誤りは発

> 見されなかった。また、計算過程は、金融商品に関する会計基準、決算手続書の貸倒引当金算定手続に準拠しており、経理課長、経理部長の承認も得られていた。
> 3. 質問に対する回答：経理課長に対する質問から、「評価部門から指摘された整備評価不備の是正対応にあたり、まず、外部の経理専門家が雇用された後、決算手続書が整備され、新人の担当者を指導しながら、会計年度末の滞留債権の評価手続が行われた」ことが確認された。

査資料を入手し、貸倒引当金計算過程を検討していることが確認された。さらに、③サンプリング・テストのために母集団として、個別引当金計算シートを入手し、発生頻度に応じた要求サンプル数を選択して、滞留債権一覧表と照合し、かつ、滞留債権について決算手続書に従って計算が行われたこと、及び、個別引当金の計算シートは適切に承認されていることが確認された。

しかし、債権管理システムからダウンロードされた債権年齢データが不正確であるため、得意先マスターと関連付けた貸倒懸念先、破綻先等の債務者区分情報のシステム登録が不完全であり、信用状況が良くない取引先に対する債権が一般債権に区分され、その結果として貸倒引当金の正確性が確保できなかったことが、評価担当者から指摘されたのである。

この運用不備の対応として、債権管理システムからダウンロードされた債権年齢データを調査し、原因を確認し、正確な債権年齢データを得られるように、また、得意先マスターと関連した貸倒懸念先、破綻先等の債務者区分情報のシステム登録を調査し、正確な債権区分の債権情報を得られるように、営業部門、IT部門及び経理部門による運用不備是正プロジェクトチームを立ち上げて是正する必要があろう。

一方、運用状況の評価は、監査人による内部統制の監査でも重要なポイ

ントとされている。「ダイレクト・レポーティングの不採用」について、懸念される問題がある。日本の基準では、ダイレクト・レポーティング方式が採用されなかったにもかかわらず、監査人が経営者の行った評価が有効であるかどうか確認するためには、経営者が実施した手続を確認することに加え、監査人自らが監査手続を考え、監査証拠をダイレクトに集めて検討しなければならない場合もあり、実際にはダイレクト・レポーティング方式を行う時の手続と同じような詳細な手続が実行されるのである。

日本基準がダイレクト・レポーティングを不採用とした理由として、下記の3つがあげられている（八田・町田，2007, pp.161-162）。

① 米国の内部統制の監査実務において、監査人が責任意識を背景として、企業に過大な費用負担をもたらしたこと。
② 日本の内部統制報告制度の実施前の上場会社のヒアリング調査の中で、複数の企業から、内部統制の経営者の評価結果に対する監査と別枠で直接的な監査人の監査が行われるのは、無駄も多く、また、そのことによって内部統制の有効性が高まるような効果は見出せないという意見があったこと。
③ 直接に監査する流れは、不正摘発型、抜き打ち的な監査手法で欧米流の性悪説的な視点で監査に臨む手法であり、日本においてはそこまで経営サイドに対して不信感を抱くのは、意味のない軋轢をもたらすのではないかとの懸念があったこと。

このように、日本基準が経営者の言明に対する監査（インダイレクト・レポーティング方式）を選択しているにもかかわらず、実際の監査現場ではダイレクト・レポーティング方式のような監査人の手続きが実行される。これはどうしたことだろうかと疑問が残る。

しかし、監査人が二重責任の原則に基づく自らの役割を果たすために、経営者の評価結果を鵜呑みにせずに、監査により財務報告に係る内部統制に保証を与えるものであるから、監査人がサンプルをとり自ら監査証拠を集めて監査手続きを実行することは当然のことと思える。経営者による評価結果の信頼度の程度により監査人の手続きの範囲が決定すると思われる。

第5節　貸倒引当金の会計処理プロセス

　ステップ1：文書化　（リスクとコントロール）

　ここでは、アサーション（表示の妥当性：計上されるべき貸倒引当金が計上すべき区分に表示されていること）を支える貸倒引当金繰入額の費用区分を正確に行うための貸倒引当金の会計処理の文書化を行う。

　図表6-11のように、この貸倒引当金の会計処理プロセスには、リスクとして、「貸倒引当金の表示誤り」が想定され、そのリスクを低減するコントロール（統制手続）が設定される必要がある。

　貸倒引当金の会計処理プロセスの内部統制の構築における文書化のステップの留意点として、決算会計処理が金融商品会計基準に準拠して行われるように、決算会計処理の決算手続書が作成され、それに基づき会計処理がなされていることが必要であること、および決算会計処理業務には会計システムが使用されているので利用者管理が必要であることが挙げられる。以下、これらの留意点について述べる。

(1)　決算手続書の作成

　コントロールのチェック項目として挙げられた貸倒引当金繰入額の損益計算書上の計上区分（販管費、営業外費用等）が誤りがないようにする為、

図表6-11　リスクとコントロール

（プロセス No. 3　貸倒引当金の会計処理）

（アサーション）表示の妥当性：計上されるべき貸倒引当金が計上すべき区分に表示されていること。
（リスク）貸倒引当金の表示誤り。
（目標）貸倒引当金繰入額の費用区分を正確に行うこと。
（コントロール） 「貸倒引当金計算シート」は債権の種類ごとに区分して計算する形になっており、計算シートごとに決算整理仕訳が計上される。貸倒引当金担当者は当該仕訳と「貸倒引当金計算シート」との整合性を確認した上で、経理課長、経理部長が仕訳伝票上に承認を行う。
（コントロールのチェック項目） 　貸倒引当金繰入額の損益計算書上の計上区分（販管費、営業外費用等）が誤りがないようにする為にチェックがなされているか。
（関連資料）貸倒引当金計算シート、決算手続書。
（コントロール・タイプ）防止的、手作業（頻度）四半期ごと。

　金融商品会計基準及び金融商品会計実務指針に基づき、下記の内容が「決算手続書」に規定され、それに従って、貸倒引当金の会計処理、特に貸倒引当金繰入及び取り崩しの会計処理、そして損益計算書上の計上区分について適切に行う必要がある。

(a)　貸倒引当金の繰入れ及び取崩しの処理

　貸倒引当金の繰入れ及び取崩しの処理は、「個別引当法」と「総括引当法」に基づき引当の対象となった債権の区分ごとに行わなければならないとしている。すなわち、「総括引当法」によりグルーピングした債権は、それに対応する貸倒引当金ごとに繰入れおよび取崩しの処理を行うことになる。

(b) 直接減額による取崩し

　債権の回収可能性がほとんどないと判断された場合には、貸倒損失額を債権から直接減額して、当該貸倒損失額と当該債権に係る前期貸倒引当金残高のいずれか少ない金額まで貸倒引当金を取り崩し、当期貸倒損失額と相殺しなければならない。なお、この場合に、当該債権に係る前期末の貸倒引当金が当期貸倒損失額に不足する場合において、貸倒引当金の不足が対象債権の当期中における状況の変化によるものである場合には、当該不足額をそれぞれの債権の性格により販売費又は営業外費用に計上する。他方、貸倒引当金の不足が計上時の見積誤差等によるもので、明らかに過年度損益修正に相当するものと認められる場合には、当該不足額を原則として特別損失に計上する（金融商品会計実務指針，123）。

　なお、債権を売却した場合の売却損も貸倒損失に準じて貸倒引当金の目的使用の対象となる。ただし、税務上は、あくまで売却取引であり貸倒引当金の目的使用には該当せず、貸倒実績として取り扱われない（新日本監査法人編，2005，pp.85-86）。

(c) 直接減額後の回収

　貸倒見積高を債権から直接減額した後に、残存する帳簿価額を上回る回収があった場合には、原則として回収時の特別利益として計上する（金融商品会計実務指針，124）。

(d) 繰入額と取崩額の相殺表示

　当事業年度末における貸倒引当金のうち直接償却により債権額と相殺した後の不要となった残額があるときは、これを取り崩さなければならない。ただし、当該取崩額はこれを当期繰入額と相殺し、繰入額の方が多い場合にはその差額を繰入額算定の基礎となった対象債権の割合等合理的な按分基準によって販売費（対象債権が営業上の取引に基づく債権である場合）又は営業外費用（対象債権が営業外の取引に基づく債権である場合）に計

上するものとする。取崩額の方が大きい場合には、その取崩差額を原則として特別利益に計上する（金融商品会計実務指針，125）。

(2) 会計システム

　第5章 第5節「IT内部統制の概念フレームワーク」で述べたように、IT環境の飛躍的発展により、ITが組織に浸透した現状に即して財務報告に係る内部統制の有効性を評価するとき、重要な業務処理統制と関連するITシステムを評価することは重要となっている。このケースでは会計仕訳伝票等の経理業務処理の会計システムへの依存度やリスクを考慮して、IT業務処理統制やIT全般統制の評価範囲に含めるか、検討が必要になる。

　IT全般統制に係る内部統制の評価範囲の決定については、経理業務に関連する会計システムがIT全般統制の評価範囲の対象になるかどうかの判定が必要になる。また、ERP（統合基幹業務パッケージ）を使用した連結決算会計システムは、セキュリティ管理やデータの保管等の運用管理が必要であり、特に経理担当者へのユーザーIDやパスワードの権限付与や削除、また定期的なアクセス権限保有者の棚卸等のモニタリングがなされる必要がある。

　被評価会社は、ERP（統合基幹業務パッケージ）を使用した連結決算会計システムを日本の本社及び連結対象国内外子会社に適用しているため、IT全般統制の評価範囲に含めることとして文書化を行う必要がある。

　IT全般統制の文書化は、①文書化準備と、②文書化の2つのステップで構成される。

① 文書化準備：評価対象となるシステムを選定し、IT評価単位（文書化単位）を識別する。
② 文書化：RCMなどのIT全般統制文書は、「プロセス数」に「IT評価単位数」掛けた数だけを作成する。

図表6-12　IT全般統制作成文書一覧

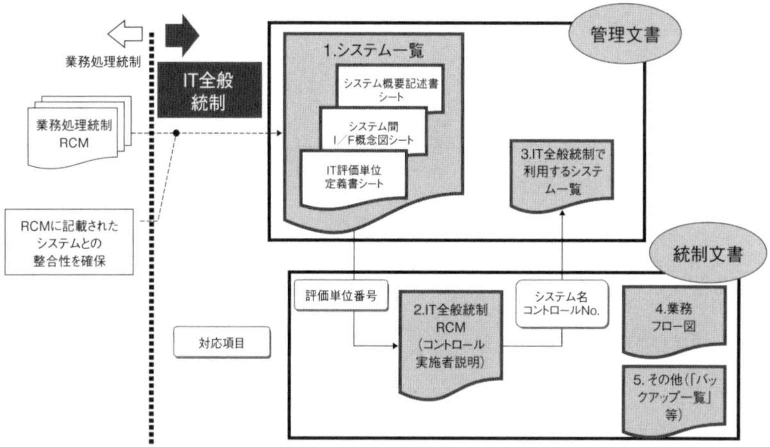

文書化は、図表6-12に示すように、会社の統制手続を示す統制文書だけでなく、内部統制文書全体の概要や文書間の関係等を把握するための管理文書も作成する。

第5章 第5節「IT内部統制の概念フレームワーク」で示されたCOBITのSOXフレームワークに基づき、①開発と変更管理、②セキュリティ管理、③運用管理、④サービスレベル管理の4つのIT管理プロセス領域が定義され、リスク・コントロール・マトリクス（RCM）は図表6-13の13プロセス毎に作成する。

ステップ2：整備状況の評価

評価担当者は、コントロール（統制手続）の流れに従い、決算手続書の閲覧、作業証跡の検査、また担当者への質問を実施することなどにより文書化内容を検証する。図表6-14は整備状況の評価報告書の例である。

貸倒引当金の会計処理プロセスにおける整備状況の評価ステップは、貸

図表6-13　IT全般統制とIT管理プロセス領域

管理プロセス領域	プロセスNo.	IT管理プロセス
開発と変更管理	AI 2	アプリケーションソフトウェアの調達と開発
	AI 3	技術インフラの調達と保守
	AI 6	変更管理
	AI 7	テストとリリース管理
セキュリティ管理	DS 5	システム・セキュリティの保証
	DS 11	データ管理
	DS 12	物理的環境管理
運用管理	DS 8	ヘルプデスクの管理
	DS 9	構成管理
	DS 10	問題の管理
	DS 13	運用管理
サービスレベル管理	DS 1	サービスレベルの定義と管理
	DS 2	サードパーティのサービスの管理

倒引当金繰入額の費用区分を正確に行うという内部統制目標に対して、分類を誤って計上・表示を行うというリスクをコントロールするのに十分機能するようにデザインされているかについて評価作業を行う。

　例えば、図表6-14が作成されるまでには、以下のような作業が評価担当者により行われたはずである。

　ウォークスルーを実施し、手続書の閲覧、作業証跡の検査をし、整理仕訳の数値基礎となる貸倒引当金シートを入手し、担当者への質問を通じて最終的な表示科目に結びつく債権区分がされていることを確かめる。

　ウォークスルーとは業務の流れに沿って取引を追跡していく手法である。1～2の取引等をサンプルとして選び、それらが記述されているフローや手続どおり実際に処理されているかどうかを確かめる。ウォークスルーは内部統制の整備状況の有効性を評価する際に有効である。このウォークスルー手続を通じて、統制の担当者が決められた手続を実際に適用している

図表6-14　整備状況の評価報告書の要約

(プロセス No. 3　貸倒引当金の会計処理)

(整備評価の実施手続)	
決算整理仕訳の数値基礎となる貸倒引当金シートを入手し、最終的な表示科目に結びつく債権区分がされていることを確かめる。	
(キーコントロールか)	はい
(評価対象期間)	2007年4月1日から12月31日
(実施期間)	2008年2月1日から2月29日
(評価部門)	担当部／担当者名（評価完了日／報告日）
(被評価部門)	担当部／担当者名
(ウォークスルー結果)	
1. 証拠資料のチェック：①仕訳伝票、②個別引当金計算シート、③貸倒引当金算定シート	
2. 社規・マニュアルのチェック：決算手続書	
3. コメント：決算手続書には、決算手続書に決算整理仕訳の数値基礎となる貸倒引当金シートが最終的な表示科目に結びつく債権区分がされるべきことが明示されている。	
(総合評価) 有効	
(判断の根拠) 決算整理仕訳の数値基礎となる貸倒引当金シートを入手し、最終的な表示科目に結びつく債権区分がされていることを確かめた。	

かどうかに加え、業務処理手続書等が現行化されており、適切に維持されているかどうかについて確認することができる。ウォークスルー手続の実施に際して、評価担当者はコントロールの証跡を文書上で追跡するだけでなく、経理業務担当者から状況を聴取し、また必要に応じ当該担当者が実際にコントロールを実施している様子を観察することもできる。

　日本基準では、業務プロセスに係る内部統制の整備状況の有効性の評価

について、経営者は識別した個々の重要な勘定科目に関係する個々の統制上の要点が適切に整備され、実在性、網羅性、権利と義務の帰属、評価の妥当性、期間配分の適切性、表示の妥当性といった適切な財務情報を作成するための要件を確保する合理的な保証を提供できているかについて、関連文書の閲覧、従業員等への質問、観察等を通じて判断するとしている。この際、内部統制が規程や方針に従って運用された場合に、財務報告の重要な事項に虚偽記載が発生するリスクを十分に低減できるものとなっているかにより、当該内部統制の整備状況の有効性を評価するのである（企業会計審議会，実施基準Ⅱ.3.(3)③）。

その際には、例えば、以下のような事項に留意するとしている。
① 内部統制は、不正又は誤謬を防止又は適時に発見できるよう適切に実施されているか。
② 適切な職務の分掌が導入されているか。
③ 担当者は、内部統制の実施に必要な知識及び経験を有しているか。
④ 内部統制に関する情報が、適切に伝達され、分析・利用されているか。
⑤ 内部統制によって発見された不正又は誤謬に適時に対処する手続が設定されているか。

ステップ3：運用状況の評価

評価担当者は、貸倒引当金の会計処理プロセスの運用テストプログラムを作成し、主に、質問、観察、文書・記録の閲覧・調査を行い、原則としてサンプリングにより十分かつ適切な証拠を入手して評価する。図表6-15は運用評価報告書の例である。

貸倒引当金の会計処理に係る運用状況の評価では、内部統制が設計どおり実際に有効に運用されているか否かを判断することになる。その際、アサーションである表示の妥当性、即ち、計上されるべき貸倒引当金が計上

すべき区分に表示されているかどうかの観点から当該内部統制の有効性を判定することになる。

　例えば、図表6-15が作成されるまで、以下のような作業が評価担当者により行われたはずである。

　まず、担当者への質問により、①決算手続書の記載事項に何らかの変更がなかったことが確認された。次に、②1年以上回収されていない滞留債権、特に、破産更生債権等について、次のような事情が発生し会計処理をしたことが確認された。1年以上回収されていないA社に対する滞留債権について、当期会計年度の6月30日に債務者の債務超過の状態が相当期間継続していることから債権の回収ができないと判断し、役員会での承認後、債権放棄（債務免除）したことである。

　そのうえで上記の債権放棄（債務免除）に関する決算仕訳伝票と明細内訳としての貸倒引当金計算シートを閲覧して、貸倒損失額を債権から減額して貸倒損失を計上する一方、当該債権に係る前期貸倒引当金残高を全額取り崩し、当期貸倒損失額と相殺したのである。なお、この場合に、当該債権に係る前期末の貸倒引当金が当期貸倒損失額に対して20％不足するが、貸倒引当金の不足が対象債権の当期中における状況の変化によるものであるため、当該不足額を販売費に計上したのである。

　さらに、サンプリング・テストを行い、一つは貸倒引当金に係る決算仕訳と貸倒引当金計算シートを照合し、整合を確認し、経理課長、経理部長が仕訳伝票上に承認していることを確かめた。

　しかし、次にIT全般統制のDS 5（システム・セキュリティ保証）プロセスの統制手続の一つである「IT運用・保守部門担当者が、四半期ごとに連結決算会計システムに設定されている、ユーザIDおよびアクセス権限の妥当性検証（棚卸による見直し）を実施するという手続」についてサンプリング・テストを実施したところ、この手続が行われていない上に、

第6章　内部統制における決算・財務報告プロセスの評価モデル　141

図表6-15　運用状況の評価報告書の要約

（プロセス No. 3　貸倒引当金の会計処理）

（運用テスト手続） （質問） ① 決算手続書の記載事項に何らかの変更があったか。 ② 1年以上回収されていない滞留債権、特に、破産更生債権等について、下記のような事情が発生し何らかの会計処理をしたか。 　1）債務者が会社更生法の規定による更生計画の認可を受け、その決定により債務者に対する滞留債権の一部を切り捨てることになった。 　2）債務者の債務超過の状態が相当期間継続し、債権の回収ができないと判断し、役員会での承認後、債権放棄債務免除を実施した。 　3）債務者の資産状況、支払能力等からみてその全部が回収できないことが明らかになった。 （閲覧）貸倒引当金計算シートは債権の種類ごとに区分して計算する形になっており、計算シートごとに決算整理仕訳が計上されていることを確認する。 （サンプリング） ① 貸倒引当金に係る決算仕訳と貸倒引当金計算シートを照合し、整合を確認し、経理課長、経理部長が仕訳伝票上に承認していることを確かめる。 ② IT運用・保守部門担当者が四半期ごとに連結決算会計システムに設定されているユーザIDおよびアクセス権限の妥当性検証（棚卸）を実施する
（評価対象期間）　2008年4月1日から6月30日
（実施期間）　　　2008年8月1日から8月31日
（評価部門）　　　担当部／担当者名　（評価完了日／報告日）
（被評価部門）　　担当部／担当者名
（運用テストの結果） 1．評価：不備

2. 判断の根拠：抽出したサンプルについてテストを実行し、貸倒引当金に係る決算仕訳と貸倒引当金計算シートを照合し、整合を確認し、経理課長、経理部長が仕訳伝票上に承認したことを確認でき、運用は有効に機能していた。
3. 質問に対する回答：経理課長に対する質問から、1年以上回収されていないA社に対する滞留債権について、当期会計年度の6月30日に債務者の債務超過の状態が相当期間継続していることから債権の回収ができないと判断し、役員会での承認後、債権放棄（債務免除）をした。
4. 閲覧：1) 上記の債権放棄（債務免除）に関する決算仕訳伝票と明細内訳としての貸倒引当金計算シートを閲覧して、次の会計処理を確認した。すなわち、貸倒損失額を債権から減額して貸倒損失を計上する一方、当該債権に係る前期貸倒引当金残高を全額取り崩し、当期貸倒損失額と相殺した。なお、当該債権に係る前期末の貸倒引当金が当期貸倒損失額に対して20％不足するが、貸倒引当金の不足が対象債権の当期中における状況の変化によるものであるため、当該不足額を販売費に計上した。
   2) 次に、IT全般統制のDS 5（システム・セキュリティ保証）プロセスの統制手続の一つである「IT運用・保守部門担当者が、四半期ごとに連結決算会計システムに設定されている、ユーザIDおよびアクセス権限の妥当性検証（棚卸）を実施する」という運用評価手続を実施したところ、妥当性検証（棚卸）を実施した報告書がなく、既に退職した経理担当者のIDおよびパスワードが削除されていなかったことが判明した。

妥当性検証（棚卸による見直し）を実施した報告書がなかった、加えて既に退職した経理担当者のIDおよびパスワードが削除されていなかったことが判明したのである。

このDS 5（システム・セキュリティ保証）プロセスの統制手続は、不正アクセスを防止するシステム・セキュリティ機能（アクセス権の承認、ユーザ認証、モニタリング等）が行われることにより、情報の不適切な使用を防ぎ、財務報告に重大な影響を与えるリスクを低減するためであった。

内部統制室長は、IT担当副社長、IT運用・保守部門担当者、最高財務責任者（CFO）、経理部長、経理課長、人事部長及び人事課長を招集して、当該不備の是正会議を行い、社内システム・セキュリティ実施手続書に、「IT運用・保守部門担当者が、四半期ごとに連結決算会計システムに設定されている、ユーザIDおよびアクセス権限の妥当性検証（棚卸による見直し）を実施すること」と明記し、手続と報告様式を定めて四半期ごとに実施し、IT担当副社長及び経理部長がレビューして承認することを取り決める必要があるだろう。

問題は、基本的には、四半期ごとのユーザIDおよびアクセス権限の妥当性検証（棚卸による見直し）を実施するというモニタリングがなされなかったことである。

さらに、具体的な是正対応として、退職時の退職事手続チェック・リストの中に、人事課長が退職者が発生した時にはIT課長へ退職者情報を知らせることの項目を設け、そして、IT課長は退職者についての情報を得たのち、速やかに当該退職者のユーザIDおよびアクセス権限を削除することをシステムセキュリティ実施手続書に明記することが必要であろう。

IT全般統制の不備を会計年度末までに是正することができない場合には、まず、IT全般統制の中で、他の代替的または補完的コントロールにより、当該不備によるリスクを低減することができるかの検討がなされる。

次に、IT全般統制の不備によるリスクを低減する代替的または補完的コントロールがない場合は、IT全般統制の決算・財務報告の連結決算会計システムのIT業務処理統制への不備の影響度と発生可能性の評価を行うことになる。

当該評価モデルの不備のように、既に退職した経理担当者のIDおよびパスワードが削除されていなかったという予防的コントロールが運営されていない不備があっても、無条件に連結決算会計システムの内部統制に依拠できないという結論に至るものではない。連結決算会計システムのアクセスログを取得して、権限の付与されていない者や退職した者が不正にアクセスしたかの発見的コントロールを行うことにより、不備による影響の発生可能性の評価をおこなうことができる。また、バックアップデータを定期的に取り保管している場合（DS 11データ管理）やコンピューター機器が設置されている場所にアクセスすることが制限されている場合（DS 12物理的環境管理）は、補完的コントロールが有効に機能していると言える場合もある。

小括

企業内の財務報告に係わる内部統制システムは、全社統制、業務処理統制、IT全般統制、決算処理・財務報告統制の4つのプロセスからなる。金銭債権の評価に至るプロセスは、受注、出荷、請求、売掛金の計上、債権の評価、回収の一連の事業活動から生み出される。通常、売上高や売掛金は財務諸表の中で、金額的な大きさの点で、重要な影響をもつ。それゆえ、内部統制における金銭債権の評価に関する決算処理・財務報告統制の構築と運用の成否は、財務情報の最終成果物としての財務報告書に重要な影響を与える。金銭債権の評価のための貸倒引当金計上は、会計の利害調

整機能の面から債権管理にとって欠かせないプロセスであり、また、情報提供機能の面からも、会計上の見積りや判断にも関係し、財務報告の信頼性に関して非常に重要なプロセスである。

本書での金銭債権の評価のための貸倒引当金計上の評価モデルは、「プロセス No.1：適切な実績率を用いて貸倒引当金の計算」、「プロセス No.2：滞留債権の評価」、「プロセス No.3：貸倒引当金の会計処理」の主要なプロセスについて検討した。評価プロセスは、文書化（アサーション、リスクの特定、コントロール）、整備状況の評価（整備テスト手続、ウォークスルー、評価）、運用状況の評価（運用テスト手続、サンプリング、評価）を想定して考察した。経営者による内部統制の有効性の判断において、財務報告に係る内部統制の評価結果、内部統制に不備が発見された場合、何よりも問題にされるのは、それが重要な欠陥となるかどうかである。重要な欠陥がある場合に内部統制は有効でないとされる。「重要な欠陥」（改訂後は「開示すべき重要な欠陥」と表現）を識別した場合の対応の研究が今後の課題として残る。

内部統制報告制度は、2008年4月に導入され、4年が経過し、2011年3月30日に、企業会計審議会から「財務報告に係る内部統制の評価及び監査の基準並びに財務報告に係る内部統制の評価及び監査に関する実施基準の改訂について（意見書）」が公表された。「重要な欠陥」の用語は、企業自体に「欠陥」あるとの誤解を招く恐れがあるとの指摘があり、「開示すべき重要な欠陥」と用語の見直しが行われた。改正の主な内容は、企業の創意工夫を活かした監査人の対応の確保、内部統制の効率的な運用手法を確立するための見直し、「開示すべき重要な不備」判断基準等の明確化、効率的な内部統制報告実務に向けての事例の作成である。

注記

1) リスクコントロールマトリクス（Risk Control Matrix：RCM）とは、各業務に係るリスクのうち、財務諸表の虚偽記載につながるリスクを抽出し、それを防止、発見・是正するコントロールを一覧した表を言う。
2) 日本公認会計士協会「IT委員会研究報告第31号『IT委員会報告第3号【財務諸表監査における情報技術（IT）を利用した情報システムに関する重要な虚偽表示リスクの評価及び評価したリスクに対応する監査人の手続について】Q&A』」Q 6。2008年 p.15において、ウォークスルーを、監査手続の一つで財務報告目的の情報システムにおける取引の開始から財務諸表までを追跡することと定義している。

終　章　総括

第1節　総括

　リスクマネジメントの観点から、グローバル企業の財務情報の利害調整及び情報提供機能の強化策を考察した。視点は、グローバル企業の経営者の立場からであった。問題意識としては、債権者や出資者を含むステークホルダーとの利害調整及び情報提供の責任をはたす為に、グローバル・リスク環境に対応して、財務情報の質的改善について企業内の構築と運用をいかにおこなうべきか、であった。

　まず、第1章では、最近の企業の事業活動のグローバル化の動向を概観し、グローバル企業のリスク環境を認識するために、グローバル企業への各発展段階におけるリスク環境と発生要因の分析をおこなった。さらに、これらのリスク環境の中で、グローバル企業の持続的成長への方向性として、持続的成長の源泉となる企業価値創造の必要性、ステークホルダーからの企業の社会的責任、およびコーポレート・シチズンシップを考察した。

　その結果、次の点が認識された。最近の企業の事業活動のグローバル化の動向は、戦略としては、企業の大規模化、国際化、多国籍化、グローバル化により持続的成長の源泉である企業価値を創造しようとするものである。具体的な戦術は、国内市場を中心とした事業展開から企業活動の舞台

を海外市場に移し、海外調達比率、海外生産比率、海外売上比率、海外資産比率、海外従業員比率等を高めていくことによりグローバル企業に進化して企業価値を創造しようとしている。グローバル企業のリスク環境を認識するために、グローバル企業への各発展段階におけるリスク環境と発生要因の分析をおこなった。これらのリスク環境の中で、グローバル企業の持続的成長への方向性として、持続的成長の源泉となる企業価値創造の必要性が高まってきている。加えて、ステークホルダーからの企業の社会的責任が増加する中で、財務情報の利害調整及び情報提供機能を強化し、過去・現在・未来の財務情報を事業戦略や具体的戦術に活用することが重要となっている。

次に、第2章で、財務情報の制度・規制におけるリスクマネジメントの歴史的流れを概観した。その上で、財務情報のグローバル化に伴う開示と監査の国際的統一の歴史的流れを考察した。近年のディスクロージャーをめぐり不適正な開示事例の発生、それに対する制度・規制による解決策を考察した。

その結果、財務情報の透明化、標準化及び証明業務としての制度・規制におけるリスクマネジメントの歴史的流れは、近年、財務情報のグローバル化に伴う開示と監査の国際的統一の流れとして進行していることが認識された。近年のディスクロージャーをめぐり不適正な開示事例の発生に対する解決策としては、制度・規制による対応が実施され、具体的には、財務報告の情報提供機能の改善・強化を目的に、内部統制報告制度の導入が世界的レベルで実施された。

さらに、第3章で、妥当に見えるモラル・ハザード現象の予防策が、オンバランス化や公正価値測定を引き金にパラドックスを引き起こしたケースを分析した。その上で、予防策であるインセンティブ報酬システムや経営監視モニタリング・システムのパラドックスに対する解を考察し、最後

に、パラドックスを引き起こした公正価値測定を会計観の歴史的展開との因果関係を考察した。

その結果、公正価値測定において、観察不可能な価値の見積もりを排除しない途を開いた貸借対照表項目測定の更なる軟化は、会計観の歴史的展開と明解な因果関係が存在することが認識された。貸借対照表項目のオンバランス化や公正価値測定を引き金にパラドックスを引き起こしたケースを検討する中で、妥当に見えるモラル・ハザードの予防策に関連する財務情報提供についての制度・規制ばかりではなく、会計基準内でも、今後、改善していかなければない問題が存在している事が再認識された。公正価値評価による貸借対照表項目測定の更なる軟化は、財務情報の利害調整及び情報提供の機能不全を起こすリスクが潜在している。したがって、経営者の裁量行動の検証可能性を担保できる企業内の仕組みと評価方法の改善が必要である。

第4章では、グローバル企業のガバナンスに対するリスクマネジメントのフレームワークについて、事例を取り上げて考察した。グローバル企業は、制度・規制に対する法的対応は重要である。同時に、自らの経営体としての仕組み作りの面からも、特に、証明業務（監査）によって担保された財務情報の開示のためにも、企業グループ内でのガバナンス問題へのリスクマネジメントが重要な課題となっていた。

考察の結果、次の点が認識された。そこには、グローバル企業のガバナンスに対するリスクマネジメントのフレームワークが必要になっていた。グローバル化（企業の発展段階）、世界市場（市場）、及び地球規模展開（事業展開）の中で、利害関係者、企業の社会的責任、企業価値、及びビジネス・リスクが増加していく。グローバル企業の経営者のガバナンス、すなわち、企業統治責任の要請は、企業統治リスクの増加する中で、企業の状況に応じたガバナンスの構築と運用が将来の事業の成否に大きく影響

してきている。事例研究の中で、企業統治リスクの可能性として、経営者リスク、統治機構リスク、多文化統治リスクが挙げられ、具体的なグローバル企業特有の対応として、企業統治リスクマネジメントが検討された。結果として、リスク感性の豊かなリーダーシップ、トップダウン方式と委員会設置会社、異文化間・異部門間協議システムが選択提案された。

　第5章では、グローバル企業の財務情報に係る内部統制のモニタリング・システムの理論的及び実践的基盤として、日本の内部統制報告制度の概念フレームワークの妥当性について考察した。内部統制の概念フレームワークの理論的発展の流れ、具体的にはCOSO (1992)、COBIT (1996)、COSO ERM (2004)、COSO 誘導ガイダンス (2006) を概観し、日本の内部統制報告制度の概念フレームワークと比較・考察した。

　COSO (1992) と COSO ERM (2004) を比較すると、COSO ERM (2004) は、事業戦略にともなう不確実性とそれに付随するリスクや事業機会への対応力を強化することにより、経営者に事業目的の達成に関する合理的な保証を与えることを目的として公表された。それに対して、統制活動に重きを置かれた COSO (1992) フレームワークでは、「リスク評価」が構成要素の一つとして定義され、会計をコントロールする体制を業務プロセスに盛り込んでいくための前作業としてリスクを評価することが中心となっていた。日本の内部統制報告制度は、事業戦略目的よりも、財務情報の信頼性を目的とした財務情報の開示強化に重点を置いたため、COSO (1992) フレームワークを原則として受け入れつつ、固有の概念フレームワークを設定したのである。

　第6章では、会計上の見積りや判断にも関係し、財務情報の信頼性に関して非常に重要な業務プロセスである金銭債権の評価のための貸倒引当金計上に係る内部統制における決算・財務報告プロセスの評価モデルの構築を試みた。

企業内の財務報告に係る内部統制システムは、全社統制、業務処理統制、IT全般統制、決算処理・財務報告統制の4つのプロセスからなる。金銭債権の評価に至るプロセスは、受注、出荷、請求、売掛金の計上、債権の評価、回収の一連の事業活動から生み出される。通常、売上高や売掛金は財務諸表の中で、金額的な大きさの点で、重要な影響をもつ。それゆえ、内部統制における金銭債権の評価に関する決算処理・財務報告統制の構築と運用の成否は、財務情報の最終成果物としての財務報告書に重要な影響を与える。金銭債権の評価のための貸倒引当金計上は、会計の利害調整機能の面から債権管理にとって欠かせないプロセスであり、また、情報提供機能の面からも。会計上の見積りや判断にも関係し、財務情報の信頼性に関して非常に重要なプロセスである。

　はじめに、問題意識として取り上げた課題は、経営者が債権者や出資者を含むステークホルダーとの利害調整及び情報提供の責任を果たすために、グローバル・リスク環境に対応して、財務情報の質的改善について企業内の構築と運用をいかにおこなうべきかであった。

　第1章から第6章までの各課題の考察の総括は、財務情報の制度・規制によるリスクマネジメントは限界があり、パラドックスが生じる可能性が常にある。財務情報の利害調整及び情報提供機能を強化するためには、グローバル企業にとって、リスク環境を把握しながら、関連当局による制度・規制に対応すると同時に、企業側におけるガバナンスやリスクマネジメントの対応が必要である。具体的な企業内の財務情報の質的改善について、財務情報の信頼性を高めるためのモニタリング・システムとしての内部統制システムの構築・運用は必要である。企業の内部統制プロセスの中で、特に、会計の見積もりや判断にも関係して非常に重要な内部統制に関する決算・財務報告プロセスの構築は極めて重要である。

参考文献

American Bankers Association (2009), *The Current Pace and Direction of Accounting Standard Setting*.

Basel Committee, The Basel Ⅲ (2010), *Rules Text and Results of the Quantitative Impact Study*, 16 December 2010.

Berle, A. A. and G. C. Means (1932), *The Modern Corporation and Private Property*, Macmillan.

Carroll, A. B. and A. K. Buchholtz (2006), *Business and Society*, South Western.

Committee of Sponsoring Organization of the Treadway Commission (COSO) (1992), *Internal Control-Integrated Framework*, AICPA, 鳥羽至英・八田進二・高田敏文共訳 (1996)『内部統制の統合的枠組み——理論篇』白桃書房。

Committee of Sponsoring Organization of the Treadway Commission (COSO) (2006), *Internal Control over Financial Reporting-Guidance for Smaller Public Companies*, AICPA, 日本内部監査協会・八田進二監訳 橋本尚、町田祥弘、久持英司共訳 (2007)『簡易版 COSO 内部統制ガイダンス』同文舘出版。

Committee of Sponsoring Organization of the Treadway Commission COSO (2004), *Enterprise Risk Management-Integrated Framework*, AICPA, 八田進二監訳／中央青山監査法人訳、トレッドウェイ委員会報告書『全社的リスクマネジメント フレームワーク篇』。

Coase, R. H. (1937), "The Nature of the Firm", *Economica*, Vol. 4.

Daelen, M. and C. Elst (2010), *Risk Management and Corporate Governance*, Edward Elgar.

Doupnik, T. and H. Perera (2008), *International Accounting*, McGraw-Hill.

Financial Stability Board (2009), "FSF Principles for Sound Compensation Practices", *Financial Stability Forum*, 2 April 2009.

Ghosn, C. and P. Riès (2003), *Citoyen du Monde, L'Agence France-Presse*, 高野優訳 (2003)『カルロス・ゴーン 経営を語る』日本経済新聞社。

Hofstede, G. (1984), *Culture's Consequences : International Differences in Work-Related Values*, Sage Publications, 萬成博・安藤文四郎監訳 (1984)『経営文化の国際比較——多国籍企業の中の国民性』産業能率大学出版部。

IASB (2010), *The Conceptual Frameworks for Financial Reporting 2010*, IASB.

IASB (2011), International Financial Reporting Standards No. 13, *Fair Value Measurement*.

ISO (2009), *Risk management-Principles and guidelines, ISO 31000*, 財団法人日本規格協会訳 (2009),『リスクマネジメント——原則及び指針, ISO 31000』。

Jensen, M. and W. Meckling (1976), Theory of the Firm : Managerial Behavior, Agency Costs and Ownership Structure, *Journal of Financial Economics*, Vol. 3, pp. 305-306.

Nobes, C. and R. Parker (2010), *Comparative International Accounting*, Prentice Hall.

Picot, A., H. Dietl, and E. Frank (1997), *Organisation*, Schäffer-Poeschel 丹沢安治他訳 (2007)『新制度派経済学による組織入門——市場・組織・組織間関係へのアプローチ』白桃書房。

Peter C. Fusaro／Ross M. Miller (2002) 訳者, 橋本碩也『エンロン崩壊の真実』税務経理協会。

Raynor, M. E. (2007), *The Strategy Paradox*, Currency Doubleday. マイケル・E・レイナー, 松下芳生他監訳 (2008)『戦略のパラドックス』翔泳社。

Spense, A. M. (1973), Job Market Signaling, *Quarterly Journal of Economics*, Vol. LXXXVII, pp. 355-374, Harvard University.

The Dodd-Frank Wall Street Reform and Consumer Protection Act (Dodd-Frank Act), 21 July 2010.

The Basel Committee (2010), *Basel III rules text and results of the Quantitative impact Study*, 16 December 2010.

Timmons, J. A. and S. Sponelli, Jr. (2003), *New Venture Creation*, McGrraw-

Hill.

Trompenaars, F. and C. Hampden-Turner (1997), *Riding the Waves of Culture : Understanding Cultural Diversity in Global Business*, Nicholas Brealey, 須貝栄訳（2001）『異文化の波：グローバル社会：多様性の理解』白桃書房）。

Trompenaars, F. and P. Woolliams(2003), *Business Across Cultures*, Capstone Publishing 古屋紀人訳（2005）『異文化間のビジネス戦略——多様性のビジネスマネジメント』白桃書房。

United Nations (2010), *World Investment Report 2009*.

United Nations (1973), *Multinational Corporations in World Development*.

United Nations (2002), *World Investment Report 2001*.

U. S. Department of Treasury (2009), *Statement by Treasury Secretary Tim Geithner on Compensation*, Press Center, 10 June 2009.

IBMビジネスコンサルティングサービス（2005）『企業改革法が変える内部統制プロセス』日経BP出版センター。

あずさ監査法人編（2006）『金融商品会計の実務』第3版　東洋経済新報社。

あずさ監査法人編（2007）『実務詳解　内部統制の文書化マニュアル』中央経済社。

安藤英義編（1996）『会計フレームワークと会計基準』　中央経済社。

安藤英義（1997）『新版　商法会計制度論』　白桃書房。

安藤英義（2001）『簿記会計の研究』中央経済社。

池田唯一（2007）『(総合解説) 内部統制報告制度』税務研究会出版。

伊丹敬之（2004）『経営と国境』白桃書房。

伊丹敬之（2005）「トップ・マネジメントと企業の適応力」伊丹敬之他編著『リーディングス　日本の企業システム第II期　第2巻　企業とガバナンス』有斐閣。

伊藤和憲（2004）『グローバル管理会計』同文舘出版。

伊藤邦雄（2006）『ゼミナール現代会計入門』日本経済新聞出版社。

上田和勇（2007）『企業価値創造型リスクマネジメント——その概念と事例（第

4版)』白桃書房.
上田和勇（2009 a）「企業倫理とリスクマネジメント――効果的倫理リスクマネジメントのあり方を中心に」『危険と管理』日本リスクマネジメント学会, pp. 14-27.
上田和勇（2006）「リスク文化と企業価値最適化のリスクマネジメント」『専修ビジネス・レビュー』Vol. 1, No. 1, pp. 93-101.
上田和勇（2009 b）「ビジネス・リスクマネジメントの進展」上田和勇編著『企業経営とリスクマネジメントの新潮流』白桃書房, pp. 1-32.
上田和勇（2002）「コーポレートガバナンスとリスクマネジメント（問題提起）」『危険と管理』日本リスクマネジメント学会, pp. 21-25.
上野清貴（2011）「公正価値概念の展開とその論理」『企業会計』第63巻9号中央経済社.
大島春行・矢島敦視（2002）『アメリカがおかしくなっている　エンロンとワールドコム破綻の衝撃』NHK出版.
奥村宏（2006）『粉飾資本主義』東洋経済新報社.
亀井利明（2009）『ソーシャル・リスクマネジメントの背景』ソーシャル・リスクマネジメント学会.
亀井克之（2004）「カルロス・ゴーン流企業危機管理の源流」『危険と管理』日本リスクマネジメント学会, pp. 229-247.
亀井利明・亀井克之（2009）『リスクマネジメント総論』同文舘出版.
川村眞一（2007）『現代の実践的内部監査』同文舘出版.
神田秀樹（2008）「企業の社会的責任をめぐる規範作成」中山信弘編著『ソフトローの基礎理論』有斐閣.
企業会計基準委員会（2007）「プレスリリース：　企業会計基準委員会と国際会計基準審議」.
企業会計基準委員会（2006）「会計基準第10号『金融商品に関する会計基準』」.
企業会計審議会（2007）「財務報告に係る内部統制の評価及び監査の基準並びに財務報告に係る内部統制の評価及び監査に関する実施基準の設定について（意見書）」.

菊澤研宗（2004）)『比較コーポレート・ガバナンス論――組織の経済学アプローチ』有斐閣。

金融庁／日本銀住友信託銀行証券代行部編（2010）「有価証券報告書における役員報酬開示の事例分析」『別冊商事法務』商事法務 No. 349。

金融庁／日本銀行（2010）「バーゼル委市中協議文書プロシクリカリティの抑制の概要」。

経済産業省企業行動課編（2007）『コーポレート・ガバナンスと内部統制』財団法人経済産業調査会。

近藤光男（2009））『最新株式会社法（第5版）』中央経済社。

櫻井通晴・伊藤和憲（2007）『企業価値創造の管理会計』同文舘出版。

新日本監査法人編（2007）『内部統制の実務Q&A』東洋経済新報社。

鈴木修（2009）『俺は，中小企業のおやじ』日本経済新聞出版社。

鈴木輝夫（2008）「財務報告に係る内部統制評価における決算・財務報告プロセスの／事前評価の重要性」『企業会計』Vol. 60 No. 2 pp. 72-73。

住友信託銀行証券代行部編（2010）「有価証券報告書における役員報酬開示の事例分析」『別冊商事法務』商事法務 No. 349。

高島貞男・草野真樹（2004）「公正価値概念の拡大――その狙いと弱み」『大阪経大論集』第55巻 第2号。

田宮治雄（1999）「なぜ作る・何に使う キャッシュ・フロー計算書」中央経済社。

田宮治雄（2000）『バランス・シートを理解する』中央経済社。

鳥羽至英（2007）『内部統制の理論と制度』国元書房。

日本工業標準調査会（2010）『JIS Q 31000：2010 リスクマネジメント――原則及び指針』日本規格協会。

日本公認会計士協会（2006）「金融商品会計に関する実務指針」。

日本公認会計士協会（2007 a），監査・保証実務委員会報告82号「財務報告に係る内部統制の監査に関する実務上の取扱い」。

日本公認会計士協会編（2007 b）『決算開示トレンド有価証券報告書300社の実態分析平成19年度』中央経済社。

日本公認会計士協会（2008）「IT委員会研究報告第31号　IT委員会報告第3号『財務諸表監査における情報技術（IT）を利用した情報システムに関する重要な虚偽表示リスクの評価及び評価したリスクに対応する監査人の手続について』Q&A」。

野村健太郎（2007）「グローバル化と会計基準の国際的統一」『企業会計』中央経済社，vol. 59, No. 25。

萩茂生（2007）『証券化とSPE連結の会計処理　第3版』中央経済社。

八田進二・町田祥弘（2007）『逐条　内部統制基準を考える』同文館出版。

藤田友敬（2005）「企業の本質と法律学」伊丹敬之他編著『リーディングス　日本の企業システム第Ⅱ期　第2巻　企業とガバナンス』有斐閣。

平成22年内閣府令第12号（2010）「企業内容等の開示に関する内閣府令等の一部を改正する内閣府令」（2010年3月31日）に公布・施行）。

ベリングポイント（2007）『内部統制と経営強化』生産性出版。

堀江優子（2011），「概念フレームワークにおける質的特徴に関する一考察——資産負債アプローチが質的特徴に与える影響について」『産業経理』, Vol. 71, No. 2（'11. 7）, p. 195。

松戸公介（2010）『鈴木修おやじの人間力』ぱる出版。

山浦久司（2008）『会計監査論《第4版》』中央経済社。

横山和夫（2007）『詳解　企業簿記会計』中央経済社。

渡邊泉（2011），日本会計研究学会課題研究委員会中間報告「歴史から見る公正価値会計——会計の根源的な役割を問う」。

あとがき

　本書は、過去3年間にわたるグローバル企業のリスクマネジメントの研究のまとめである。グローバル企業に関与して実務の中で遭遇する多くの問題、とりわけ、事業戦略、管理会計及び財務会計の課題に取り組むとき、リスクマネジメントの観点から、問題を分析し、対応策を考え、解決への活動を行うことは極めて有効であった。本書の特徴を上げるならば、この様な経験から、グローバル企業のリスクマネジメント問題を、リスクマネジメントを中心にしながら、財務会計及び管理会計に関連する論点を設定し、3つの研究領域を融合しながら検討した点である。そのために、まず、マクロ的視点から、グローバル企業への各発展段階、すなわち、企業が大規模化、国際化、多国籍化、グローバル化に伴い直面するリスク及び事業機会に関して、リスク環境と発生原因を分析し、一つの発展モデルを示した。つぎにミクロ的視点から、個別企業の立場から、各発展段階におけるリスクや事業機会が、具体的に財務会計及び管理会計の領域にいかに影響を与えるかを分析し、対応策を構築することについて考察した。
　このような複数の研究領域に踏み込みながら、研究テーマを進めるアプローチは、約40年前に中央大学の学部時代、商学部会計学科に所属しながら、会計学とは異なる領域である浅野栄一博士（中央大学名誉教授）のケインズ経済学のゼミに参加し、近代経済学の虜になった時からである。さらに、当時の大学紛争の影響で授業を受ける機会が少ない中で、富岡幸雄博士（中央大学名誉教授）の税務会計の迫力ある自説を論じる講義に感銘を受けながら、税務をさらに学びたいと考え、大学院経済研究科修士課程に進んだ。そこでは、一河秀洋博士（中央大学名誉教授）にマン・ツー・

マンで欧州の租税制度の原書講読指導を受けた。私の当時の研究方法は、租税法、会計学および経済学の3つの領域に踏み込みながら、海外の文献を参照しながら関心ある論点を研究するものであった。この時期の経験が、その後、国際ビジネス社会で仕事を進めるにあたり大いに役立ち、また、私の関心を国際ビジネスに向けるきっかけにもなった。

　大学院修士課程修了後、経済的に自立しなければと実社会に出て、日本の高度成長時代に税理士事務所、日本の事業会社、米国企業の日本法人と転職をしながら、実社会の中で、何かやりがいのある事をしたいと暗中模索の中で試行錯誤をしていました。30歳代の半ばに、米国企業の日本法人に勤務していた時に、コングロマリットという巨大企業形態を運営し、ニューヨーク証券取引所に上場していた本社が、当時の米国のM&A旋風の中で、乗っ取り屋に買収された。自分が知らない別な世界の出来ごとに驚き、米国へ行ってみようと留学をして、そのまま8年間現地で過ごし、大手会計事務所に勤務して、国際ビジネスマンとしての貴重な基礎を身につけることができたのは幸運なことであった。

　20年前に日本に戻り、グローバル企業のアジア・太平洋地域の経理財務管理部門の統括を務め、先進国と新興国におけるグローバル・ビジネスの経営管理を経験することができた。その後、グローバル企業に関与しながら実務経験を十分積んで当初想定したことは、多くの方々に御世話になり成し遂げることはできたのだが、関連分野の知識、制度、学問体系を再度学び直してみたいと思うようになった。平日の実務活動を考慮して、東京国際大学大学院商学研究科博士前期課程会計学専攻の週末コースに入学した。1996年11月に橋本龍太郎元総理が表明した「金融ビックバン」以降大きく変わっていった日本会計基準を含め、米国会計基準や国際会計基準の現状の論点や動向について、田宮治雄教授のご指導を賜った。私を含む同期の学生に授業以外の時間も使い、修士論文を指導して下さった田宮治雄

教授には、研究者並びに教育者として深く尊敬し、心より厚く御礼申し上げる。

すでに60歳近くになっていたが、さらに研究心が高まり、実務を行いながら、専修大学大学院商学研究科博士後期課程に入学した。指導教官である恩師、上田和勇博士には、リスクマネジメント研究の極意をご指導いただいたばかりでなく、学会発表や学会誌・研究誌への投稿の機会を導いていただき、博士学位請求論文の資格条件を短期に満たすことができた。多くの課題は残しながらも、お陰さまで、3年間の課程で博士論文を提出することができました。心より厚く御礼申し上げる。学術活動では、日本リスクマネジメント学会とソーシャルリスクマネジメント学会において、亀井利明博士（関西大学名誉教授）を始め、学会の諸先生にリスクマネジメント分野でのご指導をいただき、心より厚く御礼申し上げる。

専修大学商学研究所の研究プロジェクトでは、伊藤和憲博士はじめ、杉野文俊先生、姜徳洙先生に、リスクマネジメントの研究の手ほどきをいただきました。大学院の講義では、菱山淳教授に多くの海外の会計学関連の先行研究を御指導いただきました。安藤英義博士には、博士論文の中間発表、学会を通じてご指導をいただきました。博士後期課程に入学後、これまで多くの先生方にご指導とご助言を賜り、研究者としての道筋をお教えいただき、この場を借りて、心より厚く御礼申し上げる。

本書は、専修大学審査学位論文であり、刊行にあたっては、平成24年度専修大学課程博士論文刊行助成を受けた。なお、出版に当たり編集の労を取って頂いた専修大学出版局の笹岡五郎氏には、心より厚く御礼申し上げる。最後に、私事になるが、筆者の研究活動を支えてくれている妻に本書を捧げたい。

2013年1月

高野　仁一

高野 仁一（たかの じんいち）

　1949年茨城県生まれ。1972年中央大学商学部会計学科卒業、1976年中央大学大学院経済学研究科修士課程修了、2009年東京国際大学大学院商学研究科博士前期課程修了、2012年専修大学大学院商学研究科博士後期課程修了、博士（商学）。1975年より、日本国内の税理士事務所、日系企業及び外資企業に勤務の後、1985年に渡米、プライスウォーターハウス会計事務所（米国）等に勤務。1993年に帰国、外資系グローバル企業に勤務し、アジア太平洋地域担当の最高経理財務責任者として活動。現在、高野国際会計事務所代表、米国公認会計士（カリフォルニア州）、米国公認評価アナリスト（Certified Valuation Analyst）、税理士。
　主要著書（共著）『環境変化とリスクマネジメントの新展開』白桃書房、2012年。
　主要論文（単著）「グローバル企業のガバナンスとリスクマネジメントの方向性」『専修ビジネス・レビュー』 2010年、「雇用に関するCSRとリスクマネジメント」『危険と管理』（第41号） 2009年。

グローバル企業のリスクマネジメント
財務情報の利害調整及び情報提供機能の強化に関する考察

2013年2月28日　第1版第1刷発行

著　者	高野　仁一
発行者	渡辺　政春
発行所	専修大学出版局

　　　　　　　　　　　　〒101-0051 東京都千代田区神田神保町3-8
　　　　　　　　　　　　　　　　㈱専大センチュリー内
　　　　　　　　　　　　　　電話 03 (3263) 4230㈹

印刷・製本　株式会社加藤文明社

ⓒ Jinichi Takano 2013 Printed in Japan
ISBN978-4-88125-274-1